U0666200

广西民族师范学院中国边疆学学科建设研究成果

高原上的守望者
——中国塔吉克族语言生态研究

杨海龙　著

广西科学技术出版社
·南宁·

图书在版编目（CIP）数据

高原上的守望者：中国塔吉克族语言生态研究 / 杨海龙著 . —南宁：广西科学技术出版社，2024.6
（"交往·交流·交融"研究丛书）
ISBN 978-7-5551-2217-3

Ⅰ . ①高… Ⅱ . ①杨… Ⅲ . ①塔吉克语（中国少数民族语言）—民族语言学—生态学—研究 Ⅳ . ① H241

中国国家版本馆 CIP 数据核字（2024）第 102491 号

高原上的守望者——中国塔吉克族语言生态研究

杨海龙　著

策　　划：陈勇辉　朱杰墨子　何杏华　　　责任编辑：罗绍松
助理编辑：黄玉洁　　　　　　　　　　　　美术编辑：韦宇星　韦娇林
责任校对：冯　靖　　　　　　　　　　　　责任印制：陆　弟

出 版 人：梁　志　　　　　　　　　　　　出版发行：广西科学技术出版社
社　　址：广西南宁市东葛路 66 号　　　　邮政编码：530023
网　　址：http://www.gxkjs.com

印　　刷：广西民族印刷包装集团有限公司
开　　本：787mm×1092mm　　1/16
字　　数：221 千字　　　　　　　　　　　印　　张：13　　插页 4 页
版　　次：2024 年 6 月第 1 版　　　　　　印　　次：2024 年 6 月第 1 次印刷
书　　号：ISBN 978-7-5551-2217-3
定　　价：88.00 元

版权所有　侵权必究

质量服务承诺：如发现缺页、错页、倒装等印装质量问题，可联系本社调换。
服务电话：0771-5851474

丛书编委会

主　编：谭群瑛　杨海龙　黄　平

副主编：王巧明　黄小芬　黄新宇

　　　　黄尚茂　唐　蒙　黄诗婷

　　　　黄洪霞

编　委：（按姓氏笔画排序）

　　　　马　宁　韦茂斌　刘茜茜

　　　　李　盛　李成才　何明智

　　　　陆汉军　郭　利　黄全荣

　　　　黄钰晴

作者简介

　　杨海龙　文学博士，副教授，现就职于广西民族师范学院。广西语言学会会员。主要研究方向为人类语言学、社会语言学、语言生态学以及少数民族语言文化研究，研究聚焦中国塔吉克族语言生活和语言生态状况，探讨语言领域相关问题。主持和参与各级语言规划、民族语言文化与教育等领域项目多项，发表论文多篇。

位于新疆塔什库尔干塔吉克自治县的石头城遗址

位于新疆阿克陶县与塔什库尔干塔吉克自治县交界处的
"冰山之父"慕士塔格峰一侧

新疆塔什库尔干塔吉克自治县石头城下的阿拉尔金草滩

新疆塔什库尔干塔吉克自治县县城文化广场上的"汉日天种"浮雕

新疆阿克陶县塔尔塔吉克族乡阿勒玛勒克村的维吾尔语、汉语双语牌匾

杨海龙（右二）到新疆维吾尔自治区民族事务委员会调研

杨海龙（中）到新疆塔什库尔干塔吉克自治县县城居民家调研

杨海龙（右）到新疆塔什库尔干塔吉克自治县瓦尔希迭村牧民家调研

杨海龙在新疆阿克陶县塔尔塔吉克族乡小学阿力米力克小学调研后留影

新疆工程学院学生再米尔（右）在做问卷调查

总　序

穿越中华民族五千多年的历史长河，我们见证了各民族间交往、交流与交融的壮丽画卷，中华民族的多元一体格局，构筑了独特的文化景观。

党的十八大以来，以习近平同志为核心的党中央把民族工作摆在了更加重要的位置。习近平总书记就加强和改进新形势下的民族工作多次作出重要指示，如在2019年9月的全国民族团结进步表彰大会上，提出"实现中华民族伟大复兴的中国梦，就要以铸牢中华民族共同体意识为主线，把民族团结进步事业作为基础性事业抓紧抓好"，强调"要把民族团结进步创建全面深入持久开展起来，创新方式载体，推动进机关、进企业、进社区、进乡镇、进学校、进连队、进宗教活动场所等"。这些指示为做好新时代民族团结进步创建提出了新要求，指明了前进方向，提供了根本遵循。

中共中央办公厅、国务院办公厅印发《关于全面深入持久开展民族团结进步创建工作铸牢中华民族共同体意识的意见》（中办发〔2018〕65号），对深化民族团结进步宣传教育、促进各民族交往交流交融、提升民族团结进步创建工作水平等提出了明确的要求。

为了积极响应党中央的号召，深入践行习近平新时代中国特色社会主义思想，更好地引导各族群众正确认识中华民族"多元"与"一体"的辩证关系，促进各民族优秀传统文化创造性转化、创新性发展，促进各民族交往交流交融，搭建各民族沟通的文化桥梁，广西民族师范学院策划编写了"交往·交流·交融"研究丛书。本丛书致力深入理解铸牢中华民族共同体意识的时代使命，全面梳理与深度探索多民族语言文化及其互动关系，旨在为促进这一历史进程中的民族交流与融合提供理论支持与实践经验。同时，作为学院重点学科——中国边疆学学科研究的重要成果，本丛书还聚焦边疆多民族地区的语言生活现象、教育现状与文化交往模式，展现中华民族大家庭内不同民族间的语言接触与文化交融的丰富内涵。

本丛书着眼于多民族文化的宝库，综合运用语言学、人类学、教育学、边疆社会学等多个学科的方法和理论，分别从宏观与微观的角度，对多民族语言接触、语言文化生态状况、教育形态及文化交往等多个方面开展研究。本丛书不仅关注单一民族语言文化的独特性，更重视多民族语言文化在交融中的共生与发展，从不同层面分析边疆多民族地区的语言生活现象、教育现状与文化交往模式，并通过具体案例研究和理论探索，既彰显地方民族文化的丰富性，也强调各民族在中华民族共同体意识下的交流与融合，全景式地呈现语言文化多样性与中华民族共同体意识的和谐统一。无论是专注于特定区域的民族语言研究，还是针对具体民族语言的传承与保护研究，抑或是聚焦边疆民族教育、边疆社会发展和文化交流的研究，均映射出我们对于深化民族团结、促进文化传承与创新的持续追求。

在新时代的征途上，我们深刻领会到维护国家文化安全、增强文化自信、民族语言文化研究与推动文化繁荣兴盛对于实现中华民族伟大复兴的重大意义。本丛书的出版，不仅是对党和国家"坚持和发展中国特色社会主义文化建设"战略部署的积极响应，还体现了"深化民族团结进步教育，铸牢中华民族共同体意识"的基本方针。

随着研究的不断深入，我们有不少成果将陆续与读者见面，这些成果将进一步促进社会大众对多民族语言文化交流与教育实践的理解。展望未来，我们将持续开展更多高质量的研究，以科学、系统的方式记录和分析多民族交流交往交融的宝贵经验，推动民族文化领域的知识更新和理论创新。

在此，对所有为本丛书的编写、出版付出努力的专家学者表示最诚挚的感谢，他们扎实的研究和辛勤的工作使本丛书得以顺利面世。同时，我们也期盼广大读者能从中获得启发与思考，共筑中华民族共同体的坚实基础。让我们携手并肩，在铸牢中华民族共同体意识的思想指引下，共同书写中华民族交往交流交融的新篇章，为实现中华民族伟大复兴的中国梦而不懈努力！

丛书编委会

2024 年 4 月

前　言

在信息全球化和经济一体化的背景下，语言生态中强势语言和弱势语言的分异演变越发突出，语言生态系统中不同语言的生态位也日益向通行程度更高的语言倾斜。在语言生态发展演化进程中，语言生态因子的状况对语言生态环境的和谐与平衡、冲突与混乱产生了很大影响，语言的多样化态势面临极大威胁和挑战。造成这一局面的因素是多方面的，语言生态学理论认为，语言生态作为社会生态的重要组成部分，与政治、经济、文化、教育等的关系密不可分。语言生态的研究将语言的微观生态和外部宏观生态作为考察对象，结合生态学研究机制，全面调查研究语言功能演变的各种因素，分析语言的生态，对语言的活力和演化做出评价。通过分析语言生态的形成机理，讨论语言使用中的各种现象和问题，制定语言规划与调整语言政策，从而为增强中华民族认同和中华文化认同、铸牢中华民族共同体意识提供参考。

本书以中国塔吉克族语言生态为研究对象，对帕米尔高原上新疆维吾尔自治区喀什地区塔什库尔干塔吉克自治县（简称"塔县"）田野工作所搜集的材料进行整理，使用生态语言学的理论和方法对中国塔吉克族语言生态环境中的各个生态因子进行描述和分析，并将获取的塔吉克族母语生态数据输入构建的塔吉克族语言生态评价体系中进行统计和评价，从而获得塔吉克族母语生态环境的评价结果。同时针对评价结果分析塔吉克族语言生态环境发展与建设的有利因素与不利因素，并深入讨论这些因素，提出保护塔吉克语和谐生态环境的可行性建议和策略。

本书分为三个部分：第一部分为第一至第五章，主要描述塔吉克语的生态状况；第二部分为第六章，主要对第一部分获取的塔吉克语言生态数据进行评估和评价，构建塔吉克语生态评价体系；第三部分为第七、第八章，主要根据塔吉克语生态评价结果分析影响塔吉克语生态和谐发展的因素，并预测塔吉克语的发展趋势，从而提出塔吉克语生态保护的策略。具体各章内容如下：

第一章：介绍本研究的目的、意义、内容以及与本研究有关的概念；梳理国内外学者在本领域的研究成果，阐明本研究的样本选取与研究方法。

第二章：简述中国塔吉克族以及塔吉克族聚居地塔县的基本情况，剖析影响塔吉克语生态环境演变的外部因素。内容包括塔吉克族的族源历史、人口分布情况以及塔县的社会经济、科教文卫、人民生活等塔吉克语的外部生态系统。

第三章：分析塔吉克语的内部生态系统，即塔吉克语的内部结构，以及色勒库尔塔吉克语和瓦罕塔吉克语之间的关系，探讨塔吉克语的内部生态系统对塔吉克语整体生态环境的影响。

第四章：阐述塔吉克族聚居地区的语言生态格局及其与周边语言之间的关系。通过对塔吉克族具体的人口分布状况及由此产生的语言文化格局进行分析，总结塔吉克族语言文化与周边语言文化产生接触的原因、条件，以及语言文化接触后塔吉克族母语生态的演变类型。由此，透视出塔吉克族聚居区多语使用的现状，了解塔吉克族聚居区多种语言生态位的不平衡性的现实状况。

第五章：介绍调查区域的选择和调查样本的抽取等情况，涉及调查点的选取原则及基本概况，以及样本抽取原则、样本调查方法、样本特征等。同时，还从塔吉克族对塔吉克语的态度和使用现状两方面对塔吉克语的使用进行共时分析。

第六章：根据评价指标的选取原则，从先行研究中总结抽取适合塔吉克族母语生态评价的指标体系，再通过德尔菲专家咨询法和权值因子赋权法确定两级指标权重。根据各方研究成果和研究传统对每个二级指标进行分级和赋分，并选择赋权综合评价模型的评价计算方法，最终确定评价塔吉克族母语生态评价体系的评分级别。评价发现塔吉克语处于基本能够生存，但发展有限的状态。语言生态的内外部状况、内外部因素之间存在有利因素，但也有不利生态因素的干扰和制约。

第七章：从制约塔吉克语生存发展的脆弱性、敏感性以及协调性因素入手，分析在塔吉克语生态系统中明显对语言生态平衡造成影响的生态因子。脆弱性和敏感性因素是塔吉克语生态保持和发展的关键因素，在整个语言生态系统发展中起到决定性作用。协调性因素起到调试和发展语言生态系统中各生态因子的重要作用。影响语言生态系统和谐发展的诸多因素同处在一个复杂的网络拓扑结构中。虽然在语言演化过程中，我们无法使每一个生态因子都爆发出最强的活力，发挥最大的效用，但是我们可以利用起到协调作用的生态因子，使每一个生态因子在系统内都能够达到最优的组合，从而使整个系统呈现最佳状态。

第八章：从塔吉克族语言生态发展趋势的讨论出发，探讨在现阶段保护和发展塔吉克族母语的监控策略、保护策略、调适策略和发展策略。主要从构建塔吉克语生态监测评价长效机制、形成塔吉克语研究氛围、实现塔吉克族语言文字规范化、加快塔县经济建设、提高塔吉克族自治水平、保护和传承塔吉克族优秀传统文化、制定塔县语言教育规划、促进塔吉克族生态民本教材编写等几个方面，为塔吉克族母语生态的可持续性发展提出短期和长期策略。

语言生态问题是一个社会环境问题，甚至可以说是一个社会问题，语言生态是否和谐直接影响社会生态文明建设是否能够可持续发展。中国是语言资源丰富的国家，境内有120多种少数民族语言，有22个少数民族使用着28种文字。没有文字的语言大多被人口少于万人的人群使用，有的仅仅保留在日常口头语言交际中，正处在消亡的边缘，这些少数民族语言正遭遇着危机。由此产生的语言衰退和语言濒危极大地影响着整个语言生态系统的平衡与发展。这不仅是某个少数民族保护母语的问题，也是生态语言学领域学者热议的论题，更是影响国家长期稳定发展宏观策略的社会问题。

塔吉克族社会是一个以塔吉克族为主、多民族聚居的社会环境，但塔吉克族人口较少，仅有 5 万余人。在这样一个语言生态领域中，塔吉克民族语言与周边国家语言、塔吉克民族语言和国家通用语言（现代汉语）、塔吉克民族语言和其他少数民族语言之间，以及塔吉克民族语言内部都存在着复杂的关系。语言竞争甚至语言冲突问题日益凸显。塔吉克族母语的语言活力受自身语言生态位的影响，在语言竞争中表现出比较明显的劣势。这些都将导致塔吉克族母语生态环境的逐步恶化，使塔吉克族母语生态环境的可持续发展受到威胁。因此，在塔吉克族母语生态发展演化的过程中，需要采取必要的措施和策略，以维持和保护塔吉克族母语生态环境的和谐，从而维护塔吉克族生活地区的社会稳定与和谐。

本书以中国塔吉克族母语为研究个案，将塔吉克语生态环境中的人口、地理、政治、经济、文化传统、教育、语言使用和语言格局等因素作为考察对象，以语言生态学理论为指导，结合生态学原理，使用文献资料和田野调查数据进行佐证，分析塔吉克族母语的外部宏观生态和内部微观生态。作为语言生态系统中的生态因子，影响塔吉克语的各生态因子构成一个复杂的相互作用的网络拓扑结构。在这个网络结构中，各生态因子因其影响领域和作用点不同，与语言生态系统形成的关系存在差异，影响力也不均衡。为了能够更准确地了解塔吉克语的生态状况，本书构建了塔吉克语生态评价系统，对塔吉克语生态评价指标的选取原则、选取过程和指标权重确定，以及塔吉克语生态评价体系的形成过程和运行等进行全面系统的描述和说明。通过研究塔吉克语生态因子在各评价指标中的表现，发现塔吉克语最终的生态评价结果为 59.80 分，处于"语言生态环境能使语言资源继续生存，但缺乏语言资源开发的条件，语言资源的利用较为有限"的评价区间。本书根据评价体系运行的结果进行分析和讨论，指出影响塔吉克族语言生态发展的有利条件和制约因素。同时根据分析结果，预测塔吉克族母语生态的发展趋势，并靶向清晰地从监控保护和调适发展两方面提出塔吉克语的发展策略。在研究过程中实现了以下目标：

1. 首次将生态语言学理论应用到塔吉克族聚居区语言环境的调查分析

中，以生态语言学原理为纲，从语言生态的宏观环境和微观环境两个方面较为完整地对塔吉克族母语生态进行了调查、描写、分析和讨论。

2.将生态语言学原理和自然生态环境评价机制相结合，选取塔吉克语生态评价指标，从生态的敏感性因素、脆弱性因素和协调性因素的角度构建塔吉克族语言生态环境评价体系。同时根据实际调查研究情况对塔吉克语生态指标进行赋分和评价，得出较为可信的塔吉克语生态发展现状。

3.在评价体系运行的基础上，从监控、保护、调适和发展四个方面提出解决塔吉克族语言生态系统平衡与发展问题的可行性策略。

但正如前文所述，塔吉克族母语生态系统是一个错综复杂的网络拓扑结构，任何一个语言生态因子的变化都可能引起整个系统的反应，因此本书的分析讨论不够全面，仍需进一步研究，主要表现在以下几个方面：

1.资料搜集不够全面。语言生态包括内部微观生态和外部宏观生态，涉及的内容和数据庞杂，且不断发展变化。此次研究仅选取目前能够获取到的相关资料和数据，这些数据的权威性、现势性和全面程度均有提升空间。这不仅受个人经验和学识局限，更重要的是缺少动态的数据监测。而这项工作要依靠官方力量才能完成，仅凭个人是难以完成的。

2.评价指标权重的主观性较强。评价指标权重的确立主要采用主观评判方法，即德尔菲专家直接赋权法和权值因子判断表法，因此会受到个人背景和经验的制约。我们要尽量减小判断不准确的概率，但这只能在实践中进一步检验。

3.塔吉克语微观生态研究不够深入，语料获取途径单一。国内塔吉克语的微观生态研究自20世纪末基本处于停滞状态，能够获取的语料十分有限，而我们在田野工作中获取的语料权威性和准确性较为欠缺，因此这方面的研究空间仍十分广阔。

4.塔吉克族母语态度对语言生态状况整体评价结果的影响程度仍需探讨。语言态度是语言生态状况的必要条件，或者说良好的语言情感才能使一种语言存在和发展下去，但其影响程度是值得探讨的。在本研究中，塔吉克族语言情感权重值相对较高，这有可能造成生态评价分值受到语言情感分值的影响，从而呈现虚高的局面。这与语言在教育、行政等使用域的活力不足形成矛盾。这种现象不仅表现在塔吉克族母语生态研究中，在母语发展研究中也是一种普遍现象。

5.塔吉克族母语生态保护策略的可操作性仍需提高。一项科学有效的措施从制定到实施，中间要经历很多环节，无论是客观因素，还是所有参与者的主观状态，都将影响该措施实施后的效果。因此，虽然本书从宏观上提出了保护和发展塔吉克族母语生态的策略，但是在实施过程中，对每一个具体问题都要深入分析研究，措施须更加细化、具体化。

本书中的一些数据较为陈旧，但因近年来官方对这些数据已不再进行收集与公布，故无法进行更新，但这些数据对于支持本研究的一些论点是非常有必要，为不影响本书内容的完整性，保留此类数据。本书为塔吉克族母语生态研究取得的阶段性成果，这一领域需要探讨和研究的论题仍有很多，有待将来做进一步研究。

杨海龙

2024 年 4 月

目　录

第一章

概　述

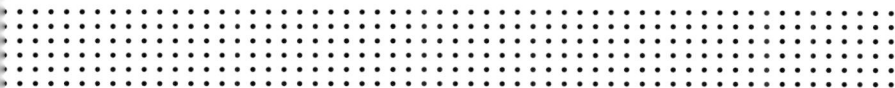

第一节　中国塔吉克族语言生态研究概况

一、研究缘起

在信息全球化和经济一体化的背景下，受各国政治、经济和文化发展速度以及族群社会生活发展程度不同的影响，强势语言和弱势语言分化加剧，语言生态环境的和谐与平衡遭到进一步破坏，语言世界的多样化态势更是面临极大威胁。除此之外，不科学的语言政策加速了这一进程，母语人的语言忠诚度也遭遇考验。

中国是一个具有丰富语言资源的国家，境内有 120 多种少数民族语言，有 22 个少数民族使用着 28 种文字。[①] 没有文字的语言大多被人口少于万人的族群使用，有的仅仅保留在日常口头语言交际中，处在消亡的边缘。这些少数民族语言面临危机，语言衰退和语言濒危极大地影响了整个语言生态系统的平衡与发展。

（一）弱势语言生态环境进一步恶化

人口较少的民族，其民族语言的社会环境和历史背景颇具差异，语言宏观生态和微观生态存在差别，因此造成语言衰退、语言濒危的因素也各不相同。其中既包括语言宏观生态因子的影响，如绝对母语人口数量少、居住较为分散、族群发展不稳定、民族融合、经济社会发展等；也包括语言内部生态因子的影响，如弱势语言或是无书面文字的语言使用者，其母语使用无法满足更复杂的社会交流需要，这一工具价值追求导致我国越来越多的少数民族母语能力衰退，甚至丧失母语能力。然而在人类文明共享和共同繁荣的今天，语言多样性对民族文化的多样性发展至关重要，多样性减弱或消失不仅会威胁少数民族语言文化生态，而且会破坏我国语言文化生态系统。更确切地说，语言文化多样性是人类文明美好未来和社会和谐发展的保障。

（二）社会和谐需要文化多样性、语言多样性

生态语言学将语言本身及其外部环境看成是一个生态系统，关注语言宏观和微观生态结构，认为语言多样化程度的高低影响着语言生态系统的稳定与和谐。和谐社会既包括社会个体本身及个体与个体之间的和谐，也包括高于个体的

---

① 戴庆厦主编《中国少数民族语言研究 60 年》，中央民族大学出版社，2009，第 2 页。

社会群体之间的和谐，更重要的是社会个体、社会群体与自然环境之间的和谐，以及族群、民族与外部世界的和谐。"以和为贵、以谐为美"是中华民族自古以来所崇尚的生态理想，也是当下历史时期社会主义文明建设所追求的目标，建设"交往、交流、交融"的和谐社会是铸牢中华民族共同体意识的有效路径。

（三）中国塔吉克族语言生态系统脆弱

塔吉克族是我国唯一属于欧罗巴人种的世居少数民族，主要居住在新疆维吾尔自治区西南部的喀什地区塔什库尔干塔吉克自治县（简称"塔县"），其他地区如喀什地区的莎车县、泽普县、叶城县，及和田地区的皮山县、克孜勒苏柯尔克孜自治州（简称"克州"）的阿克陶县等亦有分布。塔吉克族聚居的塔县平均海拔4000米，生存条件恶劣。根据《中国统计年鉴2021》，我国塔吉克族约有5.1万人。他们有自己的语言，但没有文字，普遍使用维吾尔文。面对日益发展的社会经济，塔吉克族优秀灿烂的语言文字文明面临被时代湮没的危机。为维护我国语言生态和谐，保护我国语言多样性，焕发悠久的中华文明的生机，我国塔吉克语的保护、传承研究被提上日程。

二、研究意义、内容及预期目标

（一）研究意义

本书以语言生态学理论和生态学原理为支撑，主要依据语言内部微观生态因子和外部宏观生态因子等影响因素，构建塔吉克族语言生态发展现状评价体系。介绍中国塔吉克族语言生态系统现状，探讨影响塔吉克族语言生态环境的因素，从而进一步探寻保持塔吉克族语言生态系统和谐发展的措施和对策。

1. 理论意义。本研究探讨语言生态的和谐与发展，研究和谐语言生态的运行机制，关注语言生态和谐发展与建设文明和谐的社会环境之间的关系。语言生态与社会的政治、经济、文化、教育等构成一个复杂的网络拓扑结构，语言生态是社会生态的重要组成部分。语言生态研究将语言的内部微观生态和外部宏观生态作为考察对象，结合生态学研究机制，全面调查研究语言功能演变的各种因素，分析讨论语言的生态，对语言的活力和演化做出评价；分析语言生态的形成机理，讨论语言使用中出现的各种现象和问题，制定语言规划与调整语言政策。同时，运用生态学原理来研究语言在多元语言文化背景下的生态环境、语言生活以及评价机制，为语言学理论研究提供材料和依据，拓宽语言学研究的视野。

2. 现实意义。语言生活是语言生态的写照，语言生态的和谐程度决定了语言生活的状态。语言生态和谐、语言生活融洽是和谐社会的需要。语言生态和谐表现为语言微观生态及外部宏观生态之间的和谐，人们语言生活的经济、便利更需要和谐的语言生态环境。语言生态和谐以特定社会中的个体之间、社会群体之间，以及更广阔的群体和群体间言语行为的兼容、协调、均衡发展为特征。通过塔吉克族语言生态系统研究，观察塔吉克族语言演化过程中产生的现象，对我国塔吉克族生活区域中的各种语言接触、多种语言间的相互影响以及不同语言发展演变规律有更深入的认识，对塔吉克族生活区域语言生态特点及成因有更清晰的判断，进而加深对我国塔吉克族语言使用现状的认识，充实双语教学理论，为制定语言规划和语言文字政策，乃至完善少数民族自我治理政策的现代化提供科学依据。此外，本研究可以帮助了解和预测塔吉克族语言生态演化趋势，为我国塔吉克族语言的传承发展问题提出可行性措施和策略；为科学合理地保护、开发和使用国家语言资源，切实维护公民语言权利，科学构建和谐语言生态，巩固发展平等、团结、互助、和谐的社会主义民族关系等提供参考；为从语言生态治理方面铸牢中华民族共同体意识探寻路径。

本研究以语言生态学理论作为出发点，运用生态学机理，从外部生态和内部生态两个层面来研究中国塔吉克族的语言生态。外部生态研究主要针对语言赖以生存的自然环境、社会环境、文化环境及语言使用者等因素；内部生态环境研究则观照语言自身语音、词汇和语法等因素。因此，保护语言生态系统和谐的关键在于语言生态中内外部生态因素之间有机系统地科学运转，在于当语言生态系统发生破坏现象时能及时地对语言环境开展保护与调适工作。这需要政府、母语使用群体、相关领域专家学者及整个社会生活参与者的共同努力与实践。增强保护多元语言文化生态意识，科学利用和开发语言资源，系统深入开展语言治理，实现语言生态和谐，对实现整个社会可持续发展战略目标具有重大意义。

（二）研究内容

1. 中国塔吉克语的语言生态环境及多样性调查。对塔县色勒库尔塔吉克、瓦罕塔吉克两种塔吉克语的使用现状进行详尽调查和分析，并在此基础上开展对比研究，找出其共性和差异，为下一步规范研究奠定基础，也为研究塔吉克语演变趋势提供参考。重点研究中国塔吉克语在塔吉克族聚居区的使用状况、不同特征人群的使用差别以及塔吉克语继续发展的思路。

2. 塔吉克族语言生态评价体系构建。语言生态评价，是根据一定时期的语言生态监测数据材料，对语言生态质量状况进行建模，对其优劣状况及发展态势、语言活力状况进行评价，做出定性判断。[1]构建塔吉克族语言生态评价体系是对塔吉克族语言生态演化状态进行监测，揭示塔吉克族语言生态演化规律。监测是评价的基础，评价是监测的结果，评价结果可以对塔吉克族语言生态环境监测方向和内容的调整与修正做出指导。因此，建立塔吉克族语言生态环境评价体系是维护整个语言生态环境的基础。

3.帕米尔高原塔吉克族语言生态文明建设策略研究。塔吉克族语言生态的监测与评价，是为了掌握塔吉克族语言演化过程中的不同状态，以及了解引起塔吉克语变化的各种要素之间的相互作用，尤其关注语言主体与语言环境之间的关系，使人们明白应该怎样调整自己的行为，采取合适的策略，从而达到语言、生物和文化多样性的和谐。

（三）预期目标

本研究通过田野调查获取研究数据，运用统计方法，将定量研究和定性研究相结合，介绍帕米尔高原语言生态的全貌，旨在发现制约少数民族地区语言生态和谐发展的问题，评价少数民族语言生态状况，分析影响语言生态和谐发展的因素，借此对如何保持少数民族地区语言多样性、促进语言生态与社会生态和谐健康发展的问题进行探讨。

本文的研究目标有以下两个方面：一是尝试运用生态语言学理论分析我国塔吉克族聚居区的语言生态环境；二是试图运用生态学的运行机制来构建塔吉克族语言生态环境评价体系，并在此基础上提出解决保持塔吉克族语言生态系统平衡与发展问题的可行性策略。

第二节　相关概念

一、生态语言学及生态位

1.生态语言学。生态语言学又称语言生态学，张惠民《语言逻辑辞典》（1995）将其定义为：在人种语言学、人类语言学和社会语言学这些领域中对语言和环境之间相互作用的研究。

2.生态位。生态位1917年由约瑟夫·格林内尔（Joseph Grinnell）首次提出，强调其空间概念和区域上的意义，英国学者埃尔顿（Charles Elton）第一个从功

---

[1] 肖自辉、范俊军：《语言生态的监测与评估指标体系——生态语言学应用研究》，《语言科学》2011年第3期。

能角度分析生态位。语言生态位可以定义为：具有一定时空分布的语言或语言变体，与一定的环境因素共同构成的具有一定等级或取向的生态位。[①]

二、语言多样性与语言活力

1. 语言多样性。语言多样性是指人类语言在不同语言族群和文化背景下的多样性和差异。语言多样性不仅是语言学的研究对象，也是社会、文化、生态和政治等多个领域关注的焦点。语言是人们传播和交流思想的工具，也是一种文化和文明的载体，更是这种文化和文明的一部分。维护语言多样性不仅能促进文化交流，还能保护处于消亡边缘的语言和文化。因此，保护语言多样性就是对人类文明的传承和发展。

2. 语言活力。语言活力是指语言在社区中的使用情况，包括其传播、使用频率及在不同领域中的运用等。语言活力是衡量语言健康状况的重要指标，其不仅关系到语言的未来，也与文化多样性和社会认同密切相关。通过评估语言活力，人们可以更好地了解语言的使用现状，从而采取适当的措施以保护濒危语言。语言活力的主要评价指标有代际语言传承、语言使用者的绝对人数、语言使用者占总人口比例、现存语言使用域的走向、对新使用域和媒体的反应、语言教育材料与读写材料。[②]任何指标都不应单独使用，因为某种语言依照某项指标衡量，其安全层级排位较高，而依照其他指标，其排位则可能发生变化，所以需要及时关注。

三、语言竞争与语言和谐

1. 语言竞争。语言竞争是指语言功能不同所引起的语言矛盾，属于语言本身功能不同反映出的语言关系，是调整语言适应社会需要的手段。[③]语言竞争通常会出现三种结果：一是语言和谐，二是强势和弱势语言演化分别趋向两极，三是弱势语言消亡。

2. 语言和谐。语言和谐是指在一个社会中，不同的语言能和谐共存，既不互斥，也不发生冲突，由此形成一种和谐稳定的语言环境。语言和谐涉及社会、文化、教育等多个层面，其要求人们在尊重和保护语言多样性的同时，也要关注语言使用者对语言的认同及社会对语言多样性的认可。戴庆厦在《语言竞争与语

[①] 李国正：《生态汉语学》，吉林教育出版社，1991，第16-20页。
[②] 范俊军编译《联合国教科文组织关于保护语言与文化多样性文件汇编》，民族出版社，2006。
[③] 戴庆厦：《语言竞争与语言和谐》，《语言教学与研究》2006年第2期。

言和谐》（2006）一文中指出，共存于一个统一的社会中的不同语言之间可以通过国家的语言政策、语言规划等手段来协调。处理好了就会出现语言和谐，即不同语言能够各尽所能，各守其位。影响语言和谐的因素既有外部因素也有内部因素。

四、生态评价与语言生态评价

1. 生态评价。生态评价是指根据科学的指标体系和评价因子，运用恰当的评价方法，对某区域的生态环境状况、生态系统环境质量的优劣及其影响进行评价，并评价生态系统在外部因素影响下的动态变化规律及其变化程度。生态评价主要是认识生态环境的特点与功能，揭示人类活动对生态环境影响的机制，寻求维持生态环境功能和自然资源可持续发展而应采取的对策和措施。

2. 语言生态评价。语言生态评价是指根据一定时期的语言生态监测数据材料，对语言生态质量状况进行建模，对其优劣状况及发展态势、语言活力状况进行评价，并做出定性判断。[1]

五、生态环境脆弱性、敏感性和协调性

1. 生态环境脆弱性。生态环境脆弱性是指生态系统在系统损伤和退化时的敏感反应以及对生态系统自恢复能力的衡量。[2]

2. 生态环境敏感性。生态环境敏感性是指生态系统对人类活动反应的敏感程度，用来反映产生生态失衡与生态环境问题的可能性大小。根据这个指标可以确定影响生态环境的敏感区域和具有保护价值的区域，为生态功能区划提供依据。[3]

3. 生态环境协调性。生态环境协调性是指生态系统中的子系统及构成要素间具有合作、互补、同步等多种关联关系，以及这些关联关系使系统呈现出的协调结构和状态。[4]

① 肖自辉、范俊军：《语言生态的监测与评估指标体系——生态语言学应用研究》，《语言科学》2011年第3期。
② 於琍、曹明奎、李克让：《全球气候变化背景下生态系统的脆弱性评价》，《地理科学进展》2005年第1期。
③ 康秀亮、刘艳红：《生态系统敏感性评价方法研究》，《安徽农业科学》2007年第33期。
④ 程毛林：《城市生态化状况的协调性评价》，《数理统计与管理》2005年第1期。

第三节 相关研究

一、生态语言学理论研究

（一）国外相关研究

早在 19 世纪，美国语言学家和人类学家萨丕尔（Edward Sapir）就曾讨论语言微观层面与生态环境之间的关系。20 世纪 70 年代，美国语言学家艾纳·豪根（Einar Haugen）（1972）提出并开始使用语言生态的概念。德国语言学家哈拉德·哈尔曼（Harald Haarmann）（1986）探讨了社会与语言之间的关系；1990 年，英国系统功能语言学创始人韩礼德（M. A. K. Halliday）（1990）指出，要研究语言在生态环境问题中的影响和作用；美国语言类型学权威学者伯纳德（Benard）（1992）指出多样性的语言才能反映多样性文化；奥地利语言学家阿尔温·菲尔（Alwin Fill）（1993）在《生态语言学引论》中全面阐述生态语言学的理论、方法；奥地利生态语言学家彼得·穆尔豪斯勒（Peter Muhlhausler）（1994）、加拿大语言学家沃尔洛克（Wollock）（1997）探讨了语言多样性和生物多样性之间的关系；美国生态语言学家甘伯德（R. Gabbard）（2000）认为，生态语言学探讨语言对生态系统的能动作用；英国语言学家马克·加纳（Mark Garner）认为，语言的生态学意义在于语言的社会性。此后，德国语言哲学家特拉姆贝（W. Trampe）（2001）指出，语言的生态系统由语言本身、语言使用以及它们之间的关系构成。[①]

（二）国内相关研究

国内的生态语言学研究起步较晚。李国正（1992）指出，语言与它所在的环境形成生态语言系统；孙玉梅（1993）提出，语言的社会生态环境对语言的生成、发展、交流和运用非常重要；杨艳丽（1999）探讨语言的文化生态问题；张公瑾（2001）指出，语言生态环境由语言之间的关系形成；刘利民（2006）从语言与生态、语言与思想、语言与世界、语言与伦理、语言与哲学等方面论证哲学视域中的语言问题；张东辉（2009）提出，语言多样性与生物多样性紧密相连；周利娟、郭涛（2012）对生态语言学中的相关概念及语言生态与自然生态之间的关系进行探讨；杨烈祥（2012）把唯递归论用于语言演化研究，丰富了生态

---

① 赵波、李晶：《生态语言学研究综述》，《语文建设》2013 年第 33 期。

语言学研究方法。[①]冯广艺（2013）在《语言生态学引论》中，从影响语言生态系统和外部系统的各因素之间的关系入手，较为系统地论述语言生态学的理论和方法。

二、生态语言学的应用和实践研究

（一）国外相关研究

1.语言接触及语言关系研究。19世纪80年代，惠特尼（W. D. Wllitney）（1881）探讨借词在语言变化中的作用；德国胡戈·舒哈特（Hugo Schuchardt）研究克里奥尔语的语言生态演化问题；丹麦叶斯伯森（O. Jesperson）分析混合语生成、发展与消亡的机理。20世纪50年代，开始出现众多语言学家的研究成果，如尤里埃尔·瓦恩里希（Uriel Weinreich）《接触中的语言》、艾纳·豪根《挪威语在美洲》等，深度探讨了语言接触产生的语言关系。[②]

2.语言生态研究的发展。1996年，国际应用语言学会成立生态语言学分会。菲尔（A. Fill）、亚历山大（R. Alexander）、葛特利（A. Goatly）、多尔（J. Door）、邦（J. Chr. Bang）、穆尔豪斯勒（P. Muhlhausler）等学者成为生态语言学这一新兴学科的代表人物。互联网上出现了若干生态语言学网站，如艾尔文·菲尔的生态语言学网站和著名网站"语界"（Terralingua）。同时期的生态语言学研究者也有一些作品问世，如菲尔和穆尔豪斯勒（2001）《生态语言学读本：语言、生态与环境》、穆夫温（2001）《语言演化生态学》、穆尔豪斯勒（2003）《Tok Pisin Texts》等。[③]

（二）国内关于生态语言学的应用研究和实践研究

1.语言生态和谐及文明建设研究。范俊军（2005、2006、2007、2008）先后就生态语言学的国内外研究做了综合介绍，并从濒危语言、语言多样性、语言人权等角度阐述生态语言学的理论价值；周庆生（2006）提出多语言、多方言的共存与共荣是语言和谐所追求的目标；戴庆厦（2008）提出构建语言和谐对语言关系至关重要；冯广艺（2008、2009、2011、2012、2013）从语言生态与生态文明建设关系的角度探讨构建和谐社会与和谐语言的问题；王立（2009）从国家语文

---

① 张永斌：《黔西北民族杂居区语言生态与语言保护研究》，博士学位论文，中央民族大学少数民族语言文学系，2011，第7页。
② 张永斌：《黔西北民族杂居区语言生态与语言保护研究》，博士学位论文，中央民族大学少数民族语言文学系，2011，第7页。
③ 范俊军：《生态语言学研究述评》，《外语教学与研究》2005年第2期。

法规的社会推广、城市语言文字的社会应用、语言结构要素的社会变异、公众语言行为的社会心理四个层面研究影响城市语言生活和谐的因素；肖建飞（2010）指出语言对于个体身份构建、文化认同以及社会生活运转具有重要意义，并讨论个体语言权利与集体语言权利、自由主义与认同政治、语言公正与语言生态等相关问题。

2. 语言规划研究及濒危语言研究。彭泽润、彭建国（2001）系统介绍我国语言生活走过的历程；陈章太（2005）从语言生活调查切入，仔细分析我国当代语言生活的主要问题以及解决对策；郭龙生（2007、2008）指出，在语言规划中，要尊重我国语言多样性和文化多元化；徐佳（2010）从生态语言学角度探究我国濒危语言的生存环境。

3. 语言接触及语言关系研究。20世纪50年代后陆续出版的《中国少数民族语言简志丛书》主要研究语言，虽然涉及语言关系，但理论和方法探讨较少。直到20世纪80年代，这一情况发生了变化。戴庆厦《语言关系与语言工作》（1990）和《汉语与少数民族语言关系概论》（1992）都讨论语言关系的问题，陈保亚《论语言接触与语言联盟》（1996）、徐思益《语言的接触与影响》（1997）、袁焱《语言接触与语言演变》（2001）、张兴权《接触语言学》（2012）及冯广艺《语言和谐论》（2007）和《语言生态学引论》（2013）等都对语言关系进行研究。

4. 语言生态个案研究。李国正的（1991）《生态汉语学》尝试运用生态学原理研究语言学问题；邝永辉等（1998）在《韶关市郊石陂村语言生活的调查》中描述了广东省韶关市郊石陂村的语言生活；周国炎（2004）在《仡佬族母语生态研究》中对仡佬族语言生态进行描写分析，并对濒危状况提出解决措施；袁焱、赵云生（2005）对云南省新平县漠沙镇的语言生活进行了探讨；赵沁平（2005）从关注现实语言生活的角度论述了和谐语言生活问题；姜瑾（2006）分析讨论了多元文化中的可持续性问题；王远新（2008）调查了湖南省城步县某社区内的语言使用格局；张永斌（2011）对黔西北民族杂居区语言生态与保护进行了研究；阿拉腾苏布达（2012）则研究了东部裕固语的生态状况个案。

三、中国塔吉克语的研究

中国塔吉克语是一种没有文字的口语，是属于印欧语系伊朗语族帕米尔语支的色勒库尔语和瓦罕语。其亲属语言主要分布在今塔吉克斯坦共和国（简称"塔吉克斯坦"）、乌兹别克斯坦共和国（简称"乌兹别克斯坦"）、阿富汗伊斯兰共和国（简称"阿富汗"）和巴基斯坦伊斯兰共和国（简称"巴基斯坦"）。我国古代学者和众多外国学者都对这些地区的地理、语言、文化等进行过描述。

（一）中外史料的记载 ①

此部分主要为历史上中外学者、旅行家、历史学家等的记述，严格地说，其内容并非语言学领域的专业研究，但史料的记载仍为我们了解塔吉克语，并弄清其源流提供了不可多得的材料。

1. 中国史籍的记载。季羡林等《大唐西域记校注》（1985）记述："（1）揭盘陀国周二千余里……文字语言大同佉沙国，然知淳信……（2）尸弃尼国……文字同睹货逻国，语言有异。（3）佉沙国……文身绿睛。而其文字，取则印度，虽有删讹，颇存体势。语言辞调，异于诸国。（4）乌铩国……文字语言少同佉沙国……役属揭盘陀国。"清代刘统勋等辑、英廉等增辑的《钦定皇舆西域图志》记载汉蒲犁国有言，其人亦布鲁特种，奉伊斯兰教，习帕尔西语，则皆古之大宛国也。

2. 国外史料的记载。② 柯宗等《穿越帕米尔高原》（2004）中有关于塔吉克的记述：《阿富汗的各种族》H. W. 贝卢……据说，塔吉克这个词，就是古代波斯人叫阿拉伯人的名称，山区塔吉克人在体型和一些风俗习惯上，与平原上的塔吉克人有所不同，他们说的波斯语有许多不同方言。戈登《世界屋脊》记载"他们住在这河谷内作为一个有自己的首领独特民族已经有七代，而且是来自各方——巴达克山、瓦罕、锡格楠、兴都斯坦、坎巨提等地流浪者的后裔。所以向我提供情况的一个名叫达达·阿里·沙的萨里科尔毛拉说：我们所特有的语言，是所有这些地方所说的一种杂烩。他们（瓦罕的人民）全都说波斯语，同时也说自己特有的方言"。欧文·拉铁摩尔《亚洲的枢纽》也描述"新疆的最西南角上住着一批说伊朗语的民族，他们原住在萨里科尔河谷"。M. A. 斯坦因《在通过帕米尔的古道上》记载：在巴达克山，人们所说的是波斯语，而瓦罕人所说的瓦罕语是一种不同的语言，属于东伊朗语的加尔查语支。G. A. 格里尔森《印度的语言调查》详细记录了"加尔查语诸支语言属于伊朗语的东支，加尔查语有下列一些名称：瓦罕语、锡格楠语、萨里科尔语、泽巴克语、桑格利吉语或依十卡施姆语、芒德詹语、伊德加语、亚格恼布语。几乎每一个人除了说他们自己的方言，还能说波斯话。我们所有的一些证据指出，说这种话的人都出自塔吉克祖先"。

---

① 柯宗等著、吴泽霖等辑《穿越帕米尔高原》，吴泽霖译，社会学人类学译丛，民族出版社，2004。

② 西仁·库尔班、马达力汗·包仑、米尔扎依·杜斯买买提：《中国塔吉克史料汇编》，新疆大学出版社，2003。

（二）20 世纪 50 年代以来中国塔吉克语调查研究综述

1. 塔吉克语的微观语言学研究。中国塔吉克语微观研究始于 1956 年，中国科学院组建的语言调查队在高尔锵和巴哈琳娜的带领下，对我国塔吉克族聚居区进行了语言调查，主要对当时中国帕米尔高原的色勒库尔塔吉克语和瓦罕塔吉克语进行调查并记录。此后几十年，高尔锵在这一领域耕耘不辍，研究成果颇丰。

高尔锵编著的《塔吉克语简志》（1983），以色勒库尔塔吉克语为主，从塔吉克语的语音、词汇、词法、句法和方言等方面对塔吉克语进行了系统完整的描述，并简单描述了瓦罕塔吉克语；《塔吉克语句子谓语分析》（1986）探讨塔吉克语句子结构的人称一致与格位对应；《塔吉克语基本句型分析》（1986）讨论塔吉克语独特的语音序列；《塔吉克语的名词与格功能》（1987）讨论色勒库尔塔吉克语的名词有格范畴，认为名词格的不同形式由置于名词词干之前或之后的附加成分表现出来；这些附加成分以词法的形式表明其结构，成为词的一个部分并和词有不可分割的联系；《塔吉克语动词语态特点》（1990）认为塔吉克语动词语态的形成是广泛地利用构词、构形以及造句方法的结果，动词语态在句子结构中的使用与动词的性能有一定的关系；《塔吉克语句子结构》（1991）讨论塔吉克语的句子形式和构成；《塔吉汉词典》（1996）采用基本的 26 个拉丁字母设计了塔吉克语拼音方案，收录 1 万多个词条，系统地记录了塔吉克语的词汇。

西仁·库尔班、庄淑萍《中国塔吉克语色勒库尔方言概述》（2008）对中国塔吉克色勒库尔塔吉克语的语音、词汇、语法、土语和借词进行论述并阐述其主要特点及规律。

2. 塔吉克语的宏观语言学研究。高尔锵（1994）从动词语态入手，对塔吉克语和汉语进行比较研究；安潘明（2000），西仁·库尔班、李永胜（2002），刘玉屏（2010），及周珊（2013）等专家学者分别对塔吉克族的人口和语言分布状况、方言状况，中国塔吉克语和中亚塔吉克族的关系，以及中国塔吉克语的使用范围、塔吉克文字使用情况等问题进行论述，并对塔吉克语的发展趋势做出预测。

四、语言生态评价体系的研究

从 20 世纪 90 年代开始，有学者开始关注语言生存状况的调查和评价。美国学者 Landeer（1998）[①]认为语言活力状况可以用 8 项指标来观察，并对其进行分级描述，提出了"语言活力"概念，认为语言活力是语言生态的重要体现。

---

① Landeer M.Lynn，"*Indicators of Ethnolinguistic Vitality*，"Sociolinguistics，No.5（1998）：5-22.

联合国教育、科学及文化组织（简称"联合国教科文组织"）通过文件《语言活力与语言濒危》（范俊军，2006）确立并描述了评价语言活力与濒危状况的要素。黄行（2000）构建了一个包括语言生活各层面因素的语言活力指标系统，对我国少数民族语言活力进行排序。戴庆厦、邓佑玲（2001）也提出评估濒危语言的核心指标和参考指标。孙宏开（2006）将联合国教科文组织的9个指标扩充至12个。肖自辉、范俊军（2011）确立了一套包含人口、地理、政策等12个要素、33个具体指标和指标权重关系建模系统的语言生态监测分级指标体系，该语言生态监测与评价指标体系，可运用于数据信息平台建设及我国语言生态监测与评价的具体实践。

五、研究评述及讨论

（一）生态语言学理论研究需要更为系统和深入

国外学者对生态语言学研究较早，国内学者在20世纪80年代也开始关注和研究语言生态问题。随着研究的深入，生态语言学这门学科的理论基础、学科体系、研究内容和研究方法日渐完善，并显现出这一学科同文化语言学、社会语言学、人类语言学和民族语言学等学科的不同之处。生态语言学如何与这些相关学科分工合作，避免生搬硬套生态语言学的理论去谈具体问题，需要更系统、更深入和更全面地研究。同时，也需要不断地在实践中检验和深挖这一学科理论的闪光之处，为多样性的语言社会构建和谐元素，为丰富的语言资源创造可持续发展的环境。

（二）语言生态的应用和实践研究成果丰硕，语言资源仍需充分开发利用和保护创新

这一领域的相关研究不可谓不丰富，从本书采撷的代表性成果就可见一斑。在一个语言资源丰富、语言生态系统复杂的社会，这一领域的研究并不缺少创新点和开创性成果。关于语言多样性和语言关系的研究，依然是一个值得语言研究工作者长久耕耘的领域。

（三）塔吉克语的研究进程缓慢，可拓展研究领域广阔

塔吉克语发展的历史悠久，直到今天仍是塔吉克族赖以保存民族特性的一个符号，但它的发展已经受到文明社会的极大冲击。这样一种没有文字、仅靠口头传承的语言，该如何发展，如何继续其传承民族文化的使命，已经成为亟待解决的问题。前人的研究为后人继续进行塔吉克语的研究积累了不少素材和资源，如何利用语言生态系统的平衡、调节、补偿机制和再生规律去保护这一资源，也

是今后研究者该继续探索的地方。[1]

（四）语言生态评价体系的运行需要更多实践经验

前述专家学者对语言活力的研究，就其研究的动态性、全面性及其对语言生态监测和评价系统建立而言，仍需继续深入。但其关于语言生态量化分级描述及评价的观点，具有重要的理论启发和实践指引。

第四节 材料选择及研究方法

一、材料选择

为能够更好地了解整个中国塔吉克族母语的生态环境，本研究使用文献查阅、田野调查和访谈等多种方法进行材料的搜集整理工作。

（一）文献资料的整理

采用文献查阅法，获取尽可能多的相关历史文献、档案及已有研究专著、论文等资料，涉及宗教、历史、文化、语言等内容，并对其进行梳理和分类。

（二）田野调查情况

1. 田野调查点的选择。本次田野调查历时三年，三次深入到塔吉克族聚居的塔县。我国的塔吉克族主要聚居在该县，还有一部分分布于喀什地区的泽普县、莎车县、叶城县，及克州的阿克陶县、和田地区的皮山县等地，其余散居在乌鲁木齐市、伊犁自治州、喀什市等地。据《中国统计年鉴2021》提供的数据，我国塔吉克族总人口约5.1万。[2]

塔县，位于帕米尔高原东南部，处于喀喇昆仑山脉、兴都库什山脉和阿赖山脉的交汇处，与塔吉克斯坦、阿富汗和巴基斯坦三国接壤，边境线长达888.5千米，属于我国新疆维吾尔自治区，境内北端与阿克陶县相邻，东端和叶城县、莎车县相连。全县平均海拔在4000米，西南高、东北低，沟壑纵横。[3]县内居民以塔吉克族为主，还有汉族、维吾尔族、柯尔克孜族、哈萨克族、回族等。

研究团队三次奔赴塔县调查，主要选取塔县的塔什库尔干镇、塔合曼乡、达布达尔乡、库科西鲁格乡为调查点。此外，还有阿克陶县塔尔塔吉克族乡以及

---

① 冯广艺：《语言生态学引论》，人民出版社，2013，第82页。
② 国家统计局编《中国统计年鉴2021》，中国统计出版社，2021。
③ 塔什库尔干塔吉克自治县地方志编纂委员会编《塔什库尔干塔吉克自治县县志》，新疆人民出版社，2009，第50-52页。

喀什市第六中学。每次调查都有计划前往塔县大同乡，但因交通原因均未能成行。调查点情况在第四章详细介绍。

2. 田野调查对象的选择。

（1）为能够反映塔吉克族语言生态的真实情况，本研究扩大样本数量，已发放调查问卷 300 份，收回有效问卷 208 份。由于调查员水平参差不齐，缺失问卷完成率较低。

（2）本研究采取随机抽样和方便样本结合的方式进行调查。严格的随机样本较难抽取，因此整体上分出样本层次后，在每个层次中选取方便样本。虽然代表性有所降低，但基本能反映塔吉克族母语生态状况。

（3）对调查对象进行横向的共时分析讨论。

（三）访谈对象

为客观真实地反映塔吉克族语言生态状况，本研究在选择访谈对象时，特意进行筛选，被访谈者包括公务员、农民、牧民、老师和学生，其年龄从十几岁的青少年到几十岁的中老年人，男女性别比例也较符合语言生活调查规律。

二、研究方法

本研究主要采用文献法、统计法和调查法。

田野调查，包括录音、问卷、走访等方式，将语言描写、定量统计与定性研究相结合；文献研究，将历时研究与共时研究相结合。采用这些研究方法，一方面，可以在塔吉克语历史与现状方面确保有大量文献支撑和印证，进而保证所观察、讨论现象的客观性，使结论科学可信。另一方面，大量的田野调查和相关统计分析，能确保不同生活环境和语言生态的实际情况尽可能客观真实，使语言现状的描写研究对语言生态演变发展具有现实的参考指导意义。而且，定量分析使用 SPSS 统计软件（社会科学统计软件），能够挖掘数据内部隐含的各现象间复杂而隐秘的联系，进而可以观察影响语言生态发展方向及趋势的各种因素。

第二章
中国塔吉克族概况

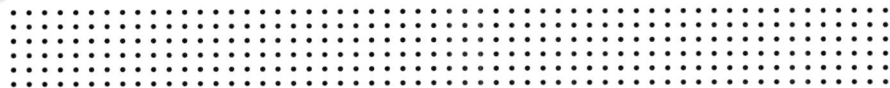

第一节　塔吉克族人口分布及居住地自然环境

一、塔吉克族人口分布情况

塔吉克族是中亚、西亚地区操伊朗语的民族，属于跨国民族，主要分布于我国新疆境内和塔吉克斯坦、阿富汗、乌兹别克斯坦和巴基斯坦等国。[①] 据不完全统计，塔吉克族 2015 年人口约 1500 万，是塔吉克斯坦的主体民族、阿富汗人口第二大民族及乌兹别克斯坦人口第三大民族。塔吉克族有平原塔吉克和高山塔吉克之分，居于中亚、西亚地区的撒马尔罕、布哈拉、赫拉特、喀布尔、霍占、呼罗珊[②] 等地的塔吉克族被称为平原塔吉克，经济以农业和手工业为主。高山塔吉克主要居住在帕米尔高原和兴都库什山脉一带，主要从事畜牧业，兼营农业。[③]

我国塔吉克族历史悠久，是生活于帕米尔高原的古老民族，是高原塔吉克的一支，具有优秀的文化和光荣的传统。除塔县外，我国塔吉克族还分布于喀什地区泽普县、莎车县，及和田地区皮山县、克州阿克陶县、乌鲁木齐市、伊犁哈萨克自治州等地。自改革开放至 2010 年，我国塔吉克族人口数量统计见表 2–1。

据新疆维吾尔自治区统计局 2011 年统计数据，我国塔吉克族有 51069 人。其中新疆维吾尔自治区有 4.73 万人，聚居在塔县的有 31264 人，占我国塔吉克族总人口的 61.22%；克州阿克陶县有 5555 人，主要居住在塔尔塔吉克族乡；喀什地区泽普县有 3761 人，主要居住于布依鲁克塔吉克族乡，莎车县有 2801 人，

[①] 西仁·库尔班、阿布都许库尔·肉孜、高雪：《中国塔吉克族》，宁夏人民出版社，2012，第 1 页。

[②] 撒马尔罕是乌兹别克斯坦第二大城，撒马尔罕州首府。布哈拉，是乌兹别克斯坦第三大城市，位于泽拉夫尚河三角洲畔，沙赫库德运河穿城而过，已有 2500 多年历史，是中亚地区最古老的城市之一。赫拉特是阿富汗西北部历史名城，赫拉特省首府，人口约 16 万，位于喀布尔西约 600 千米处、赫里河中游右岸。喀布尔位于阿富汗东部、兴都库什山南麓，是阿富汗的首都和第一大城市，是阿富汗的政治、经济、文化中心。霍占，我国史称"俱战提、俱振提"，现称苦盏，又称胡占德，1939—1992 年称列宁纳巴德，为塔吉克斯坦第二大城、索格特州首府、中亚地区著名古城，位于费尔干纳谷地谷口，临锡尔河。呼罗珊旧译"霍拉桑"，为伊朗东北部省名，包括科佩特山、比纳卢德山之间的卡沙夫河谷地与阿特腊克河上游谷地，以及比纳卢德山以南的平原地带，地处伊朗、阿富汗、土库曼斯坦交界地带，在内陆交通上居于重要地位。

[③] 西仁·库尔班、阿布都许库尔·肉孜、高雪：《中国塔吉克族》，宁夏人民出版社，2012，第 9 页。

表 2-1　1978—2010 年中国塔吉克族人口总数变化表

单位：万人

年份	1978 年	1980 年	1985 年	1990 年	1995 年	1996 年	1997 年	1998 年	1999 年	2000 年
人口	2.28	2.41	2.89	3.44	3.82	3.89	3.90	3.96	4.01	4.09
年份	2001 年	2002 年	2003 年	2004 年	2005 年	2006 年	2007 年	2008 年	2009 年	2010 年
人口	4.12	4.07	4.09	4.35	4.40	4.47	4.48	4.54	4.72	4.69

主要居住于孜热甫夏提塔吉克族乡，叶城县有 2083 人，主要分布于柯克亚乡；和田地区皮山县有 987 人，主要居住于垴阿巴提塔吉克族乡；其余分布在乌鲁木齐市（290 人）、伊犁哈萨克自治州（174 人）、喀什市（165 人）、克拉玛依市（29 人）、昌吉回族自治州（8 人）、石河子市（20 人），及其他各州县。另据新疆统计信息网 2014 年公布的数据，新疆地区有 4000 余名塔吉克族群众在内地上学，并分布于内地各省市，以浙江省、广东省较为集中，其余各省市人数不多。

以上数据显示出新疆地区塔吉克族的分布特点是在塔县内集中聚居，聚居区内除县城为各民族大杂居、小聚居外，其他各乡基本都是塔吉克族聚居。而县外南疆其他地区的塔吉克族主要与周边的维吾尔族和柯尔克孜族等为邻，北疆城市的塔吉克族往往生活在各民族杂居的环境中，呈点状分布。如在乌鲁木齐市，塔吉克族主要分布于天山区和高新技术开发区（新市区），这两个城区各具特点：天山区属于维吾尔族、汉族、回族、哈萨克族、蒙古族等民族大杂居区，而新市区则主要是汉族、回族等民族小聚居区。

二、塔吉克族居住地的自然生态环境

我国的塔吉克族主要生活在帕米尔高原，"帕米尔"在波斯语里意为"世界屋脊"。我国古籍中有很多关于帕米尔高原位置和范围的记载，《穆天子传》中称其为舂山[①]。《大唐西域记》记载："从此东入葱岭。葱岭者，据瞻部州中，南接大雪山，北至热海、千泉，西至活国，东至乌铩国，东西南北各数千里。崖岭数百重，幽谷险峻，恒积冰雪，寒风劲烈。多出葱，故谓葱岭，又以山崖葱翠，遂以名焉。"[②]

亚洲大陆上的巨大山脉都交汇于帕米尔高原，喜马拉雅山脉、喀喇昆仑山脉、昆仑山脉、天山山脉和兴都库什山脉都汇集于此，并向四方延伸。人们习惯上把帕米尔高原分为东帕米尔和西帕米尔，我国领土主要在东帕米尔，即塔格敦

---

① 杨建新主编《古西行记选注（卷二）》，宁夏人民出版社，1987，第 12 页。

② 玄奘、辩机：《大唐西域记》，季美林等校注，中华书局，1985，第 964 页。

巴什帕米尔或塔什库尔干周边地区；西帕米尔主要是塔吉克斯坦南部和阿富汗东北部地区。根据地貌，人们把帕米尔分成朗库里帕米尔、萨雷兹帕米尔、塔格敦巴什帕米尔、大帕米尔和小帕米尔等八个部分，即通常所说的"八帕"。塔格敦巴什帕米尔简称"当巴什帕米尔"，是塔吉克语"色勒库尔帕米尔"的突厥语对应名称，意为"最高的地方""群山之首"，它位于帕米尔高原的东南部，是帕米尔高原的最高处；库尔达帕米尔也称为小帕米尔，位于塔格敦巴什帕米尔的西边，范围包括阿克苏河流域；卡兰帕米尔又称为大帕米尔，位于小帕米尔的东边，伊斯迪克河和帕米尔河流域都在其范围内；阿尔楚尔帕米尔在大帕米尔的北面；萨雷兹帕米尔在阿尔楚尔帕米尔北侧；朗库里帕米尔在萨雷兹帕米尔东面；海尔古西帕米尔即和什库珠帕米尔，位置在萨雷兹帕米尔北面；瓦罕帕米尔位于卡兰帕米尔以南、库尔达帕米尔以西的瓦罕河流域。

我国塔吉克族生活的塔县位于帕米尔东部的塔格敦巴什帕米尔、昆仑山的北坡、塔里木盆地的西缘、新疆维吾尔自治区的南部。全县总面积25000平方千米，东西间距484千米，县城距离首府乌鲁木齐市1756千米，距喀什市290千米。塔县是我国连接中亚和西亚的纽带，有红其拉甫口岸和卡拉苏口岸两个对外开放一类口岸，314国道（中巴公路）贯穿全县，不仅是古代陆上丝绸之路上的要塞，也是现在"一带一路"的主要通道。塔县东邻莎车县和叶城县，北与阿克陶县以慕士塔格峰相隔，西与塔吉克斯坦接壤，西南与阿富汗和巴基斯坦为邻，边境线长达888.5千米。[①]

塔县地形、地貌结构复杂，峰峦叠嶂，险峻的沟壑和耀眼的冰峰随处可见。塔县东南部的世界第二高峰乔戈里峰以海拔8611米的高度俯视群山，北部海拔7546米的"冰山之父"慕士塔格峰立于卡拉库里湖[②]畔。境内的叶尔羌河[③]与

---

① 《塔吉克族简史》编写组、《塔吉克族简史》修订本编写组编《塔吉克族简史》，民族出版社，2008，第9页。

② 卡拉库里湖位于新疆喀什地区，地处帕米尔高原东部的慕士塔格冰山脚下，卡拉库里意为黑海。

③ 叶尔羌河的河水含有沙金，古时称屯河、叶水河、叶尔钦河等，塔县境内当地群众亦称其为"泽拉普善河"。叶尔羌河发源于世界第二高峰——乔戈里峰，从塔县的东部纵向穿过。汇入叶尔羌河的大小河流有库勒钦河、马尔洋河、皮勒河和大同河等。叶尔羌河流经塔县，进入阿克陶县，与从西流入的塔什库尔干河汇合一处，继续向东奔流，进入莎车县以后容纳大小河流，最后注入塔里木河。

塔什库尔干河[①] 汇聚了帕米尔高原的冰川雪水后流入中国最长的内陆河——塔里木河。

塔县有丰富的自然资源。

（一）气候和物候资源

塔县属高原寒带干旱气候区，四季不分明，海拔高，气压低，光照充足，太阳辐射量丰富，但热量不足，空气干燥，降水少，昼夜温差大，无霜期短，仅为 70 多天，光能充足，全年日照时数达 4434 小时，年均气温 3.7℃，全年盛行西北风，风能潜力大。由于降水少，蒸发大，塔县农业发展受到限制，适宜发展畜牧业。

（二）土地资源

塔县地势南高北低，由西向东倾斜，主要居住区分布在海拔 1950 ～ 4500 米的山间河谷地带，土地总面积 3750 万亩。其中，寒漠土 338.7 万亩，草牧场 657 万亩，耕地 6.3 万亩。

（三）动植物资源与矿藏资源

塔县野生动物种类繁多，1985 年建立了总面积 1.5 万平方千米的野生动物自然保护区。在自然保护区内生活着雪豹、帕米尔盘羊、岩羊、棕熊、雪鸡、金雕等国家重点保护野生动物，还有野马、野骆驼、狼、狐狸、旱獭、藏羚羊、野驴、野牦牛、雪兔、石貂、豺狗等；鸟类有雪鸽、山鹑、胡兀鹫、黄鹰、石鸡、秋沙鸭、山鸦、乌鸦、喜鹊、布谷鸟、斑鸠、燕子、红嘴鸥、红隼、蜂虎、大朱雀、白顶溪鸲等；鱼类有叶尔羌高原鳅、鲫鱼、高原雪水鱼等。

县内可利用天然草场 625.7 万亩，分为春季牧场、冬季牧场、夏季牧场和冬春季牧场，草场上生长着苜蓿、骆驼刺、野麦等牧草；林地面积 7.8 万亩，主要树种有银毛柳、密穗柳、沙棘、圆柏、桦树等。主要种植小麦、青稞、玉米、豌豆、蚕豆、油菜、胡麻等农作物，另外还种植杏树、桃树、核桃树等经济树种。此外，高原上盛产药用植物，常见的有雪莲、党参、当归、紫草、锁阳等。

[①] 塔什库尔干河全长 304 千米，河流沿塔什库尔干谷地由南向北奔流，穿越塔县西部和东北部。我国史料曾将其记载为"徙多河"，这是塔吉克语 xitu（冰河）的音译。塔什库尔干河的源头是喀喇秋库尔河和塔格敦巴什（红其拉甫）河的汇合处。这两条河汇合后，向北流去，汇入东西两侧流来的冰雪融水，穿过塔什库尔干绿洲，一直流到塔县县城。在那里蜿蜒流经艾拉尔草地，向北流至阿普拉布斯亚甫尽头的斯台古兹地方，与北面流来的慕士塔格山的雪水合流后，90° 转向东流去。在那里汇入瓦恰—班迪尔溪水及其他小支流，流入阿克陶县境内后，与东来的叶尔羌河汇合一处。

　　塔县矿产资源丰富，种类多，储量小，分布零散，以金属矿为主。已探明的矿藏有铁、铜、金、大理石、水晶石、青白玉石、云母、硫黄、东陵石、石灰石、镍、铅、煤、石棉、硫铁、铜钼等30多种。

（四）水资源及地热资源

　　塔县地表水以河水为主，河流总径流量约37亿立方米，境内主要河流有塔什库尔干河、塔合曼河、瓦恰河、库勒钦河等；地下水径流量约为3.2亿立方米，冷热泉均有，以塔合曼温泉较为出名；塔县的冰川资源丰富，冰川面积2032平方千米，海拔5000米以上的山峰终年积雪，著名的慕士塔格峰覆盖着100～200米厚的冰雪层，总面积275平方千米，不仅是一座天然"固态水库"，而且是塔里木河的水源之一。全国最大的现代冰川——音苏盖提冰川总面积约329平方千米，为东北－西南走向，是叶尔羌河的主要源头。

　　由于地势和地理位置的特殊性，塔县境内有雪灾、霜冻、干旱、风灾、地震和洪灾等自然灾害。[①]

第二节　塔吉克族的族源历史

一、塔吉克族的族称

　　塔吉克族是世代生活在中亚地区、具有悠久历史的民族。塔吉克族有高原塔吉克和平原塔吉克之分，高原塔吉克人数不多，大多居住在帕米尔高原。我国的塔吉克族是高原塔吉克的一支，古代分布在新疆西南部，操东部伊朗语，属印欧语系伊朗语族。学术界对塔吉克族名的来源与含义有不同的看法，一般认为"塔吉克"（Tajik）是由有"王冠"意思的古代塔吉克语"塔吉"一词，加上民族称谓中表示尊敬与亲密的后缀"–k"构成。[②]据塔吉克族流传的民间传说，最初只有塔吉克族先祖的国君头戴王冠，这是君主在位的标志之一。但后来老百姓都自称为"塔吉康"（Tajikan），意为"戴王冠的人们"。学者据此认为"塔吉克"来源于"塔吉"一词，是由"塔吉达尔"（戴冠之人）、"塔吉叶克"（独一无

---

① 塔什库尔干塔吉克自治县地方志编纂委员会编《塔什库尔干塔吉克自治县志》，新疆人民出版社，2009，第74-90页。

② 薛宗正、马国荣、田卫疆编《中国新疆古代社会生活史》，新疆人民出版社，1997，第606页。

二之冠）等词演变而来。[①]

二、塔吉克族的族源

塔吉克族的族源可以上溯到旧石器时代生活在帕米尔高原的早期人类，考古发掘发现中亚地区在旧石器时代就已经存在石质工具，这说明旧石器时代就有人类在中亚地区活动、生活。到了新石器时代，中亚诸部落与当时居住在乌拉尔附近、西伯利亚、黑海沿岸，以及美索不达米亚、伊朗和印度洋沿岸的诸部落都存在文化和历史的联系。[②]根据资料来看，中亚各民族属于西徐亚人[③]的各个部落，研究者还发现西徐亚语和塔吉克语在词汇和语法结构方面，都具有共同的要素，说明这些部落是塔吉克族和中亚其他现代民族的祖先之一。[④]

《中亚塔吉克史》一书中有这样的记述：

> 东伊朗的居民不是从其他什么地方迁到中亚来的，而是吸收各种从原始时代起就在这里居住的种族成份（塞人、粟特人、马萨该达人[⑤]、花剌子模人等），在当地形成的。所有这些东伊朗部族都是后来组成一切中亚民族的成分，不仅是塔吉克人的组成部分，而且也是操突厥语诸族（其中包括乌兹别克人和土库曼人）的组成部分。可以推测，从古代起，东伊朗诸部落即与突厥诸游牧部落为邻。[⑥]

塔吉克民族形成于萨曼王朝统治河中地区[⑦]和呼罗珊的时期，其实早在阿拉伯人进入中亚地区以前，在中亚各地区和国家之间的经济与文化联系加强的基础上，中亚的某些部族（主要是定居的粟特）就出现了联合并混合成为一个民族的趋势。在粟特、吐火罗和呼罗珊三地交界处的一种地区方言的基础上，形成了塔吉克族的全民语言——"达里语"。7世纪时，聚合成为一个民族的中亚诸部族在语言和文化方面的共同性大为增加，具备了形成统一民族的一切前提条件。阿

---

① 西仁·库尔班、阿布都许库尔·肉孜、高雪：《中国塔吉克族》，宁夏人民出版社，2012，第7页。

② 加富罗夫：《中亚塔吉克史》，肖之兴译，中国社会科学出版社，1985，第2-6页。

③ 肖之兴译注，或译为斯基泰人、斯基福人、斯其提雅人、塞西安人、西提亚人。属伊朗语族。

④ 加富罗夫：《中亚塔吉克史》，肖之兴译，中国社会科学出版社，1985，第11页。

⑤ 肖之兴译注：最早见于希罗多德的《历史》。早在公元前6世纪时已分布在北突厥斯坦的大部分地区。

⑥ 加富罗夫：《中亚塔吉克史》，肖之兴译，中国社会科学出版社，1985，第21-22页。

⑦ 河中地区指中亚锡尔河和阿姆河流域以及泽拉夫尚河流域，包括今乌兹别克斯坦全境和哈萨克斯坦西南部。中国古代称之"河中"，近代称之为"河中地区"，现代称之为"中亚河中地区"。河中为古代欧亚陆路主商道陆上丝绸之路的重要通道。

拉伯人的入侵和强迫同化的政策也没能阻挡这一历史进程。中央集权的封建萨曼王朝建立后对中亚地区经济、文化的发展做出了巨大贡献，加速了塔吉克族的形成过程，9世纪时，中亚地区最古老的世居居民发展形成塔吉克族。[1]

我国的塔吉克族属于高山塔吉克，从人种来说，具有欧罗巴人种的特征：肤色浅，头发金黄或黑褐，眼睛碧蓝或灰褐，高鼻，低颧骨，薄唇，体毛和胡须较发达等。我国塔吉克族的形成过程与中亚地区的平原塔吉克基本同步。学界一般认为，公元前2000年前，欧罗巴人的祖先雅利安人在里海以东的中亚草原游牧，约在公元前2000年时，雅利安人一支迁往伊朗高原，一支迁往印度，一支迁往欧洲，还有一支迁往塔里木盆地及其周边地区。来到塔里木盆地的这一支在帕米尔高原的塔什库尔干一带定居并创建了古老的文化。

2世纪至3世纪，中亚塔吉克族远祖先民的一支在塔什库尔干一带建立了朅盘陀国，信仰小乘佛教。据慧超《往五天竺国传》记载，朅盘陀王名叫裴星。《新唐书·西域传》记载，朅盘陀王原本是疏勒人，其人"文身碧瞳"，"王姓裴氏"。[2]当时，朅盘陀人和疏勒人都是操着东伊朗语的部族，即粟特人。玄奘在《大唐西域记》中也有记载朅盘陀国"文字语言大同佉沙国"。3世纪至4世纪，朅盘陀人发展了灌溉农业，过着半农半牧的生活。唐朝时，属安西都护府管辖。8世纪，朅盘陀国消亡。9世纪至16世纪，吐蕃、喀喇汗王朝、西辽、察合台汗国先后管辖塔吉克族聚居区。10世纪喀喇汗王朝境内的伊斯兰教开始传入，对塔吉克族产生了巨大影响。明朝后期，在色勒库尔的中心地带已有一批塔吉克族小村落。17世纪中叶，清朝统一全国，建色勒库尔回庄，归喀什噶尔参赞大臣管辖。17世纪后期至19世纪，帕米尔高原西部和南部的舒格南、瓦罕等地的许多塔吉克族人迁入色勒库尔，逐渐成为中国的塔吉克族。

在我国塔吉克族的形成过程中，古代塞人、粟特人等起了重要作用，尤其是塞人起了决定性作用。有的学者认为，现代的塔吉克语是古代塞语的活化石。20世纪70年代，在塔县香宝宝墓地发掘出土的墓葬品经测算有2500～4800年的历史，这也证明我国塔吉克族的先民很早以前就在帕米尔高原生活繁衍。[3]

综上所述，塔吉克族作为中亚、西亚、南亚地区的古老民族，具有悠久的历史和灿烂的文明。东伊朗部族中居住在塔里木盆地的这一部分逐渐融入维吾尔

---

① 西仁·库尔班、阿布都许库尔·肉孜、高雪：《中国塔吉克族》，宁夏人民出版社，2012，第8页。

② 欧阳修、宋祁：《新唐书》，中华书局点校，中华书局，1975，第6233页。

③ 西仁·库尔班、阿布都许库尔·肉孜、高雪：《中国塔吉克族》，宁夏人民出版社，2012，第10～14页。

族，居住在帕米尔高原的那部分在保留语言的基础上，形成了今天中国的塔吉克族。

第三节　中国塔吉克族民族区域自治地方概况

塔县是我国唯一的塔吉克族自治县。塔县地处高原地区，多山，交通不够便利，农业人口占多数，境内主要发展农业经济作物种植和畜牧养殖，工业发展规模有限；水资源丰富，水能蕴藏量达 1.5 亿千瓦，居新疆首位。塔县具有悠久的历史积淀和独特的人文风光，此前政府将发展目标瞄准旅游业，但因受制于交通，经济发展速度较为缓慢。近年来，随着陆路交通的改善和塔什库尔干机场的修建，塔县逐渐走上经济发展的快车道。

一、基本情况

塔县曾经是塔吉克"色勒库尔"地区，因其东北面耸立着具有 3000 多年历史的石头城而得名。塔县位于帕米尔高原东部，喀喇昆仑山脉与兴都库什山脉北部，处在塔里木盆地边缘。辖 12 个乡镇，由塔吉克族、维吾尔族、汉族、柯尔克孜族等多个民族组成，其中塔吉克族人口最多。塔县旅游资源独特，发展潜力巨大，境内有国家级、自治区级、地区级非物质文化遗产 36 项，不可移动文物 485 处，4 类 25 处国家级旅游资源，形成"一城三线七十二景点"旅游发展格局。著名的景区（景点）有世界第二高峰乔戈里峰、石头城、红其拉甫中巴国际界碑等。

二、经济发展情况

据塔什库尔干塔吉克自治县人民政府门户网站公布的数据，2022 年，塔县生产总值为 19.35 亿元；固定资产投资 36.69 亿元，社会消费品零售总额 0.98 亿元；一般公共财政预算收入 1.74 亿元；景区接待游客 76.26 万人次，旅游收入 4.06 亿元；脱贫人口 4026 户 16531 人，人均纯收入 1.95 万元；全体居民人均可支配收入 1.65 万元，农村人均可支配收入 1.11 万元。全县有 AAAAA 级景区 1 家（帕米尔高原旅游区），AAAA 级景区 2 家（"花儿为什么这样红"景区、红其拉甫国门旅游景区），AA 级景区 1 家（塔县博物馆景区）；农作物播种面积为 10.47 万亩（1 亩 ≈ 666.67 平方米），粮食作物播种面积 7.48 万亩，经济作物播种面积 2.99 万亩；牲畜存栏 19.19 万头（只）。2022 年，塔县地区生产总值比 2021 年增长 4.10%，其中，第一产业增加值 14250 万元；第二产业增加值 61207 万元，其中，工业增加值 18310 万元；第三产业增加值 118001 万元。第一产业增加值占地区生产值的比重为 7.37%，第二产业增加值占比为 31.64%，第三产业增加值占比为 60.99%。

塔县县城总体规划和乡村规划全部完成，建成县政务服务中心。加快推进中巴经济走廊廊桥建设，前期投入 300 万元的塔什库尔干红其拉甫机场等项目前期工作进展顺利，中巴公路改造项目顺利进行。投资 4.09 亿元的县乡道路、牧区水利、自来水入户、卡拉苏口岸和红其拉甫口岸 35 千伏输变电工程等项目全部实施，部分已投入使用。完成植树造林 2 万亩，林苗成活率在 80% 以上。县城垃圾处理、县城集中供热管网建设等项目已基本完工。

三、科教文化、卫生和体育

截至 2013 年底，塔县已建成 33 个村级双语幼儿园，高中阶段入学率达 85.71%，高考录取率达 73.08%。投资建设的县博物馆和县乡村文化体育阵地等项目已完工或投入使用。黑白石条古墓群遗址保护规划大纲等项目已完成设计或前期工作，石头城遗址实验性工程和保护设施及黑白石条古墓葬遗址、拜火教遗址保护设施等项目已完工。在乌鲁木齐市成功举办"冰山使者"文化艺术展。运动员参加自治区、地区年度田径比赛，取得 5 金、2 银、6 铜的好成绩。医疗卫生条件不断改善，县人民医院信息化、村卫生室等项目全部实施，新型农村合作医疗人均筹资标准提高到 350 元，人口自然增长率控制在 12.98‰。社会保障水平不断提高，发放城乡低保及各类补贴总额 3092.68 万元；新型农村社会、城镇职工和城镇居民养老保险参保率分别达 99.84%、99%、96.05%。

四、社会生活

塔县居民收入逐年增加，1800 套安居富民房、定居兴牧房全部竣工，实施 2000 套保障性住房建设和棚户区改造工程。平价粮油、蔬菜、肉店项目已投入运营。塔县大同乡、马尔洋乡 2 座 80 千瓦水电站建成，马尔洋乡水电站实现发电。解决了 821 户 4014 人的不安全饮水问题和 422 户 2147 人的用电问题；塔县农牧民职业技能培训基地和刺绣、奇石玉石创业孵化基地已竣工，实现农牧民职业技能培训 1760 人，劳务输出 7391 人次，创收 1915 万元，实现就业 1860 人。特色种植、养殖等 54 个扶贫项目已完工或正在实施，完成 4 个村整村推进减少扶贫对象任务。山区牧民、定居改建等 9 个援疆民生项目全面落实。2013 年，民生支出占公共财政预算支出的 70% 以上，达 7.2 亿元。

第四节　塔吉克族外部语言文化生态概况

塔吉克族人民在漫长的历史发展过程中，用勤劳智慧创造和发展了优秀的物质文化和精神文化，形成塔吉克族精神的精髓和标志，内化到塔吉克族每个社会成员的血液中。现在我们无论是从国内外史籍的记载和专家学者的研究，还是从现代塔吉克族的生产生活、衣食住行、风俗习惯、节庆礼仪和文学艺术中，都能深刻体味和领略到中国塔吉克族优秀传统文化的基本风貌。

一、生产生活

塔吉克族人民生活在崇山峻岭之间，大自然赋予塔吉克族的勤劳智慧，让这个在中华民族大家庭中有着悠久历史和灿烂文明的成员充分享受着高原雪山、峡谷山涧、河流草滩的恩赐，充分利用客观环境条件，山高则放牛牧羊，谷低则耕种农田。塔吉克族人民从远古时期就已经懂得利用较为丰富的水资源，发展发达的灌溉农业，其所形成的以畜牧业为主、兼营农业的农牧结合的生产生活方式一直延续至今。

（一）畜牧业

畜牧业是塔吉克族传统的生产方式，除了绵羊和牦牛，塔吉克族还饲养山羊、马、牛和骆驼，主要的食品是奶和肉。过去，马、骆驼和牦牛被用作交通运输工具，牛被用来耕地，动物的皮毛被用来缝制衣物和制作家庭坐卧的生活用品。因此，畜产品是塔吉克族衣、食、住、行的主要物质来源，不过这一情况在今天大部分交通便利的地区已经发生了根本改变。牧民随着季节变化而转移草场放牧，夏放高山，冬放河谷。夏季每天放牧两次，中午挤奶、剪毛等；冬季全天放牧，早出晚归，塔吉克族逐水草而居的生活方式仍在延续。

塔县成立后，畜牧业得到了更好的发展，通过改良羊种、防治畜冻、建设草场、储存饲草等措施，大大提高了塔吉克族牧民应对自然环境影响牲畜饲养的能力。

（二）农林业

塔县四季不分明，无霜期也很短，年均气温只有 3.7℃，帕米尔高原的农业受气候影响极大，高山上多种植青稞、小麦和豌豆等耐寒作物；山谷中种植玉米、胡麻、杏树、桃树等。种植业多为半弃耕的生产方式，通常情况下，牧民在春季引水灌溉田地、种植庄稼，然后上山放牧，夏季回到定居点管理和灌溉庄稼，秋季谷物成熟后才又回来收获。该县主要实行轮作休耕制度，庄稼一年一熟，一般有五种方式：一是青稞＞休闲①＞青稞或者小麦＞豌豆＞青稞；二是青稞（连作两三年）＞休闲＞青稞；三是小麦＞豌豆＞青稞＞休闲或者小麦＞休闲＞小麦＞豌豆；四是小麦＞蚕豆＞玉米或者小麦＞蚕豆＞青稞；五是玉米（连作两三年）＞休闲。

过去，塔吉克族人民的农业生产水平低下，由于生产工具落后，整个耕种、管理和收获的过程，只能靠人力完成，因此生产效率很低。但现在这一情况也逐渐得到改善，塔吉克族人民的农业生产技术水平得到极大提高，他们更注重精耕细作，采用灌溉施肥、机械作业、大兴水利等方式，提高生产效率。另外，为改善和提高牧民生活水平，2000年塔县实施了地质灾害严重区域的移民搬迁工程，在岳普湖县东端的平原地区设立塔吉克阿巴提镇，主要从事农业生产，塔吉克群众的生活水平得到了极大提高。

塔吉克族农牧民有植树造林的优良传统，由于地处高原，气候恶劣，气温低、空气稀薄等自然条件十分不利于林木生长，因此塔县内天然林资源不多。山区天然林分布在色勒库尔岭，主要树种有圆柏、云杉、桦树等，但因缺乏育林措施，林木资源日渐流失；河谷天然林分布在塔什库尔干河和叶尔羌河流域，主要树种有沙棘、毛枝柳、黄皮柳、密穗柳、榆树、阿富汗杨、柽柳和野蔷薇等。但由于长期以来过度放牧和采伐，导致生态严重失衡。人工林的作用是保持水土和改善生态环境，主要分布在塔县提孜那甫乡和塔县的县林场、牧林场，但其规模发展缓慢。

（三）传统手工业

塔吉克族传统手工业主要是织毯、刺绣、擀毡、建筑物雕刻绘画等。塔吉克族牧民制作的马鞍、马鞭等器具大多用银、铜镶嵌，饰有精美图案。兵器上的雕刻和麻扎、拱北等建筑物上的浮雕装饰很精美，主要图案为马、羊、猎犬、牛、器皿、花草、衣物和羊角等。这些都反映了塔吉克族的优秀传统文化。塔吉克族妇女的刺绣也很精美，刺绣主要是在帽子、衣领、襟边等衣物上，图案多由妇女们创作，但因受到伊斯兰教的影响，图案没有人物、动物形象，主要是花卉和几何图案。

中华人民共和国成立以来，塔吉克族手工业发展很快，各行业的工匠如铁匠、木匠、泥瓦匠、皮毛匠、靴匠、裁缝等竞相涌现。

---

① 休闲指的是养地形式，即土地当年不耕种。

（四）商业贸易

塔县塔什库尔干镇是陆上丝绸之路上的重镇，来往于东亚、南亚、西亚地区和欧洲的商旅团队络绎不绝，直到海上丝绸之路开辟，这条曾经辉煌的商道才开始没落。长期以来，塔吉克族自给自足的自然经济模式影响了牧区商品贸易的发展，由于人口稀少、交通不便，加上生产不发达，没有大的集市出现，塔吉克族人民只能同往来的外地商贩进行商品贸易和交换，出售农牧产品，也有少数牧民前往喀什交换生活用品。交换基本上仍是物物交换，交换不公较为常见。

塔县成立以来，商业贸易有了很大发展，特别是边境贸易的发展前景广阔，设有红其拉甫口岸和卡拉苏口岸，其中红其拉甫自古以来就是陆上丝绸之路上通往印度的咽喉要道。边境贸易的发展带动塔县商业的发展，塔吉克族人民也摆脱了以经商为耻辱的传统观念，投身市场经济大潮。自2003年起，塔县开展劳务输出，部分塔吉克族人民走下高原，渐渐适应市场经济下的社会生活，塔吉克族人民的生活方式和观念悄然发生改变。

二、衣食住行

（一）服饰传统

塔吉克族的传统服饰具有鲜明的地域特色。受自然环境的影响，其服装以棉衣和夹衣为主，没有明显的季节变化。塔吉克族男子戴"吐马克"帽，这种帽子由黑绒布缝制，圆形、平顶，帽上绣有花边，里面用黑羊羔皮缝制，帽子的下沿卷起，露出一圈皮毛，帽子上装饰有红色或者蓝色的边，年轻人和老人的帽子会有所区别，帽顶周围有各色刺绣。这种帽子既美观又实用，可以根据天气调整用以保暖，还有一种夏季戴的夏依达小圆帽，用白布缝制并辅以刺绣。塔吉克族男子一般穿套头衬衣，外面一般是黑色对襟长外套，系着绣花的腰带，冬季加穿手工缝制的皮大衣。塔吉克族妇女一般戴有精美刺绣的"库勒塔"帽，这是一种绣花圆顶带耳围的花帽，上面绣满精美图案。塔吉克族姑娘从小就开始学习缝制"库勒塔"帽，妇女们平时穿连衣裙和长裤，天气寒冷时加穿背心或者棉质长外套。不同年龄的女性其服饰颜色会有差别，女性年长者以蓝色、绿色为主，年幼及青壮年女性则以红色、黄色等为主。另外，妇女穿长筒尖头的软底皮靴以适应冰雪和风雨天气。节日庆典时女性服饰上加缀诸如银链、大耳环、多层项链等装饰。

塔吉克族已婚妇女和未婚姑娘的发型发饰会有所区别，未婚女子不留鬓角，也不佩戴发饰，已婚妇女则相反。老年妇女留长辫，不戴胸饰；中年妇女留鬓角长辫；新婚妇女梳四条长辫，辫子上戴白色纽扣或者银币作为已婚的标志。

（二）饮食习惯

塔吉克族传统饮食和他们所生活的自然环境、农牧业发展特点有密切关系。其日常饮食以拉面、抓饭、馕和奶茶为主，因此奶制品、面食、肉食和大米成为塔吉克族家庭餐桌上常见的食物。由于气候和环境的差别，生活在牧区和农区的人们在饮食习惯上稍有差别：牧区以奶制品（奶茶、奶酪、奶油等）、面食和肉食为主；农区以面食为主，奶制品和肉食为辅。因塔吉克族信仰伊斯兰教，其肉食产品主要来源于羊、牛、骆驼、鱼、鸡、鸭、鹅和鸽子等，忌食猪、马、驴、兔等肉食及所有动物的血液。当动物被宰时，必须诵经，塔吉克族也不食用自然死亡的动物。此外，塔吉克族信奉伊斯兰教伊斯玛仪派，所以不饮马奶，禁食猛禽。

在塔吉克族家庭的一日三餐中，早餐一般吃馕、喝奶茶，午餐吃拉面或者乌麻什（用面粉、玉米面或者青稞面做的粥），晚餐吃得比较丰盛，多以肉食为主。抓饭、奶茶和馕通常是塔吉克族招待来客时的主要饮食。

塔吉克族在进餐时一般长辈和客人坐在上席，其他人围坐，不用餐桌，只在中间铺着一块类似桌布的餐布。餐前主人会拿来洗手用具，为客人和长辈们洗手，然后吃馕和各种干果、水果，喝奶茶，聊天，以等待正餐。塔吉克族注重礼仪，热情好客，只要有客人来访，不论男女老幼都请上席入座，端茶送饭按照座次递送。过去一般男女分席，而现在塔吉克家庭也都围坐在一起用餐。

（三）传统民居

塔吉克族历史上过着游牧生活，农业得到发展后，才慢慢有了固定住所，因此，在日常起居中，塔吉克族有放牧的住所和务农的固定住所。夏季，塔吉克牧民住在草场上一种叫作"卡帕"的房屋，房屋比较简陋，一般就地取材，用石头和草皮砌墙，木材做房顶，房门朝阳，位于正中，进门两边修筑的土台就是坐卧之地，屋子中间设有炉灶，炉灶上方留有天窗，左侧用矮墙分隔出厨房。这种房屋只是放牧人远离村庄时的临时住所。

塔吉克族人民平时住在一种叫作"蓝盖力"的房屋，一般为土木结构的正方形平顶屋。传说这种房屋是塔吉克族伊斯玛仪派哲学家纳赛尔·霍斯鲁设计的。房屋外部看起来比较简单，但内部比较宽敞，装饰也很精美，颇具特色。通常房屋墙壁没有窗户，只在屋顶开天窗，一方面是为了免遭风沙侵扰，另一方面也能避免野兽伤害。屋子里划分为三个功能区，房门朝阳，开在左侧，进门面对的是一堵不到一人高的矮墙，过了矮墙就是向地面下挖的一片空地，四周是土台，上面铺毡毯或者图案精美的地毯，用于坐卧。中间空地上有一个炉灶，炉灶正上方是天窗。

传统的塔吉克族家庭大多过着几代同堂的大家庭生活，全家人的起居生活都在这个房屋中，进门的一侧是长辈睡觉或招待客人的地方，另一侧是晚辈们的床榻，炉灶左边一般放置物品，亦可睡卧。过去没有其他家具，刺绣精美的被褥白天被整齐地叠放在墙边，休坐或者晚上睡觉时铺开褥子。

房屋周围有院落，可根据经济情况选择修建客房、侧卧、走廊、凉棚等，周围修筑院墙，并栽种树木，屋顶可做晒台。这种房屋的建筑也蕴含着塔吉克族的信仰，例如房屋的长和宽均为 7 米，代表着伊斯玛仪派的 7 个伊玛目。[1]伊斯玛仪派的哲学思想认为人类历史可以分为 7 个不同的循环时代，每一个时代都会出现一位预言家，圣人有亚当、易卜拉欣、诺亚、穆萨、艾萨（耶稣）、穆罕默德和伊玛目 7 位。[2]正房中的 5 根柱子代表着伊斯玛仪派的"潘吉台尼"（意为 5 个人），即伊斯玛仪派的穆罕默德、阿里（穆罕默德的女婿）、法蒂玛（穆罕默德的女儿）、哈桑（阿里和法蒂玛的长子）、侯赛因（阿里和法蒂玛的次子）5 人。[3]

20 世纪 90 年代后，塔县开始实施牧民定居工程，具有塔吉克族民俗风情的统一设计的定居房和抗震安居房陆续建成，在县城也建起楼房，人们的居住水平得到改善和提高。

（四）交通习俗

由于生活在帕米尔高原，塔吉克族人民的交通运输主要依靠畜力，马、骆驼、牦牛和驴成为主要的交通工具，自陆上丝绸之路开辟至中华人民共和国成立后的一段时期里，这种运输方式仍然经久不衰。在高海拔地区，牦牛的运输作用极为重要，主要用于转场放牧和货物运输；马在塔吉克族的生活中是重要的交通工具，主要用于骑乘和放牧；骆驼显示了它在长途运输中不可替代的作用；毛驴则是塔吉克族日常生活中最常用的驮乘畜力。

---

[1] 阿依努尔古力·卡得尔：《塔吉克族伊斯玛仪派信仰初探》，《丝绸之路》2010 年第 22 期。什叶派分化出栽得派、五伊玛目派、伊斯玛仪派、七伊玛目派和十二伊玛目派等支派，伊斯玛仪派产生于 8 世纪，系追随第六伊玛目加法尔·萨迪克之长子伊斯玛仪的信徒所组成的支派，该派承认伊斯玛仪为第七世伊玛目，故称七伊玛目派。该派认为古兰经有隐义，同时，还特别强调教义分明、隐二义，认为常人只能理解其明义，只有伊玛目才能理解其隐义。

[2] 西仁·库尔班、赵建国：《数字"七"与塔吉克族文化》，《新疆大学学报（哲学人文社会科学版）》2009 年第 4 期。

[3] 陈国光：《纳赛尔·霍斯罗乌与伊斯兰教在新疆塔吉克族中的传播》，《西北民族研究》1992 年第 2 期。什叶派认为阿里作为穆罕默德的合法继承人是第一位伊玛目，而且也只有阿里和法蒂玛的后裔才能是合法的伊玛目。

中华人民共和国成立后，随着道路的建设，塔吉克族生活地区的交通状况得到了极大改善，其运输工具也慢慢被机动车替代。现在塔吉克族人民的生活中，摩托车、汽车成为常见的交通运输工具。虽然一些偏远地区仍未摆脱畜力运输，但是随着中巴公路的升级改造、喀什至塔县县城高速公路建设项目的实施和塔什库尔干红其拉甫机场建设工程的准备，塔吉克族群众的交通生活迎来翻天覆地的变化。

三、婚丧习俗

（一）婚姻习俗

塔吉克族自古以来就实行一夫一妻制，并相沿成习，但过去也有一些特权阶级是一夫多妻制。传统的塔吉克族婚姻有几个特点：一是依照父母的决定，适龄男女完全没有婚姻自主权。二是亲属在选择婚姻对象时具有优先权，无血缘禁忌，而且男女双方不受辈分和年龄的约束。三是族际婚受到比较大的限制，一般塔吉克族女子不能嫁给其他民族的男子，但塔吉克族男子可娶其他民族的女子，这主要是受到塔吉克族信仰的伊斯兰教伊斯玛仪派的宗教影响与约束，基本只能实行族内婚。四是塔吉克族家庭很少离婚，"白头偕老，永不分离"观念浓厚，没有夫妻在有生之年离婚的风气。在塔吉克族婚姻家庭观念中，抛弃妻子或者多次出嫁均不被接受。因此，塔吉克族确定婚姻大事要经历一个比较长的过程。首先要经历"提亲、定亲"，男女双方各派一个"代表团"，男方带着礼物到女方家里求婚，礼物包括衣物和首饰，还必须带一只羊。女方在家里迎候，但是女孩要回避。有威望的双方代表进行商议，女方在讨论后决定是否接受提亲。商定完后，女方要宰男方带来的羊以祝贺这段姻缘，这些仪式必须在众人面前完成，不能有隐瞒。通常聘礼的准备时间会在一年以上，直到今天，塔吉克族依旧遵从这样的风俗，有"如要结亲，必须商量一年"之说。五是实行转房制（旧俗），丈夫死后，如有子女，女子一般很少改嫁。如要改嫁，首先要嫁给丈夫的兄弟。中华人民共和国成立后塔吉克族的婚俗发生变化，建立了自由平等的婚姻制度，青年人的婚恋选择基本是在自愿基础上，再由父母参考决定。塔吉克族男女青年会通过"叼羊传情""荷包传情""舞场传情"等大众娱乐方式选择自己心仪的对象。[1][2]

---

[1] 姚卫坤：《散杂居塔吉克族婚姻观念及形式变迁》，《新疆大学学报（哲学人文社会科学版）》2012年第5期。

[2] 西仁·库尔班、阿布都许库尔·肉孜、高雪：《中国塔吉克族》，宁夏人民出版社，2012，第137-138页。

结婚仪式通常选在秋高气爽、羊肥牛壮的金秋时节，婚礼历时三天。第一天是新人们沐浴穿婚服，着婚服的仪式比较隆重。沐浴净身后，新郎戴着由红白两色绸带缠绕的吐马克帽子，身穿绣花衬衣和外套，腰系绣花的腰带，脚穿绣着花边的长袜和红色的鞋子；新娘则头戴绣花的小帽子，额头上方的帽边上挂满了"斯力斯拉"，"斯力斯拉"是一排银质的小链子，下垂后长度与眉毛平齐，佩戴的耳环也是银质的大耳环。新娘要在四根辫子上系上大红的丝穗，还要佩戴贵重的头饰、项链、胸饰，身穿红色长裙，外面罩大红色长外套，脚穿花长筒袜和红色短靴。新郎和新娘要在双方的小指上戴戒指，戒指上系着红白两色的绸带。新娘的礼服通常要穿戴一年才可恢复日常装扮。

婚礼时男女双方家庭准备婚宴，亲戚朋友们都前来贺喜，礼品比较简单，一般是馕、衣服、日用品或首饰等，亲戚则要送绵羊。母亲或长嫂在送来的礼品上撒些面粉，以示吉祥。有些地方举行婚礼时，女宾客除了带礼物，每人还带一些白面粉。到新娘家时，女宾客纷纷把白面粉撒向墙壁，以示祝福。

当一切准备就绪后，在新郎家，宗教人士会给新郎做"都阿"祈祷，祈祷结束后宰羊为婚礼祭祀，羊肉在迎娶新娘时食用。接下来新郎的父母和亲人会向新郎的礼服上撒面粉祝福，来客欢聚一堂，唱歌跳舞。此时女方家中也会载歌载舞，而新娘在自己的房中不能露面。

第二天，男女双方各自在家中举行大规模的歌舞娱乐活动，亲友盛装前来祝贺。通常在第三天上午迎亲，迎亲队伍由新郎率领着一位已婚青年和一批未婚青年组成，青年们一路欢歌，唱着《国王来临》前往女方家。到了女方家，女方会出门迎接，此时男方放出一只带来的山羊，新郎及伴郎们骑马叼羊。女方则设法阻拦，如果男方获胜，将会得到奖赏，这一习俗被称为"屯巴克"。当新郎骑马行至新娘家门口时，女方代表隆重欢迎并奉上两碗酥油奶茶，新郎饮完才下马接受祝福。女方会"堵门"，在收到、查看聘礼后才会放行。结婚仪式一般是在女方家举行，由参加婚礼的长辈和亲友见证。①

傍晚，迎亲队伍返程，新娘与父母亲戚挥泪辞行，感谢父母的养育之恩。返回路上依旧一路欢歌。新娘来到男方家的迎接仪式也很隆重，地上铺上红毯，婆婆给儿媳妇端上酥油奶茶。新娘喝完后下马，新人接受亲人们撒面粉祝福后才

① 仪式中新郎新娘由一位已婚妇女和一位未婚妇女陪同，聆听宗教人士的诵经祈福，拜德尔汗（证婚人，较有威望）端来一碗盐水，新郎新娘都喝一口，再吃些肉和馕，表示从此时将生活在一起。新郎新娘交换戒指后接受大家的祝贺，女方父母请新郎新娘就座，新郎对岳父岳母行吻手礼。来宾们打起手鼓、吹起鹰笛，载歌载舞向新人表示祝贺，同时享用新娘家里准备的点心和奶茶等食品。

能进入新房。新婚三天之内，新娘住在新房内，不准出门。

婚后第三天，新娘家须携带礼物、饭食和一只宰好的羊到新郎家，表示还想着自己的女儿。男方家还要请宗教人士和证婚人"拜德尔汗"前来做客，拜德尔汗要在大家的面前揭去新娘的面纱，此后新娘方可参加家务劳动。至此，整个结婚仪式才结束。[1]

（二）丧葬习俗

塔吉克族的丧葬习俗在塔吉克文化中占有重要地位，它不仅体现塔吉克族哲学和宗教观，也反映其社会生活观念与风俗习惯。古代琐罗亚斯德教（拜火教）的世界观和伊斯兰教伊斯玛仪派的思想在塔吉克族的丧葬事宜中均得到体现。塔吉克族的丧礼通常有大净、唱挽歌、吊唁、敬烟、灯祭、出殡、服丧、乃孜尔、诵经和除孝等仪式。[2]

大净，塔吉克族称之为"台霍尔达特"，就是先将死者身体和毛发梳洗干净，然后用带有刺绣的盖尸布盖好，头前脚下各点一盏灯，尸体至少停放一夜；唱挽歌在净身后进行，用歌唱的方式哭丧，这种哭唱将死者的一生颂唱，以表示对死者的祝福；吊唁仪式在死者家中进行，丧家要准备饭食、住宿、饲草等，为前来吊唁的人提供方便，仪式当天村里所有的活动都会停止，由宗教人士诵经并主持；现代丧葬还有敬烟仪式，主要是安慰死者家人，让其忘却痛苦；灯祭在塔吉克族丧葬中占有重要位置，充满了神秘的宗教色彩，一般在入葬之夜进行，由哈里发主持，主要是为死者宰羊、点灯；出殡要遵守宗教规定和生活禁忌，如不能打开天窗、炉灶点火、亲吻死者的手、与死者告别等；对老人要服丧一年左右，对夭折者，服丧近三年，在此期间，不能进行娱乐活动，日常年节也不能筹备，还要经常去墓前哭泣；乃孜尔分为三日祭、七日祭、四十日祭和周年祭，均是诵读《古兰经》；诵经是在葬礼结束后一年内举行，连续举行三天的仪式，有两个阿訇轮流诵读《古兰经》，他们只在夜间稍作休息；服丧期满时亲戚朋友前来安慰死者家人，希望其开始愉快的生活，一般要为男子理发剃须，为女子更换衣装。

四、宗教信仰

塔吉克族的发展历史悠久，自古以来，生活在中亚帕米尔高原上的塔吉克

---

[1]《塔吉克族简史》编写组、《塔吉克族简史》修订本编写组编《塔吉克族简史》，民族出版社，2008，第116-119页。
[2] 西仁·库尔班、阿布都许库尔·肉孜、高雪：《中国塔吉克族》，宁夏人民出版社，2012，第144-158页。

族先民们在与大自然的斗争中繁衍生息，有过多种信仰或宗教。塔吉克族既有原始的自然崇拜，也信仰琐罗亚斯德教、佛教和伊斯兰教，这在民间传说和古籍文献中均有明确的记载。塔吉克族学者西仁·库尔班认为，塔吉克族的宗教信仰历史可以划分为原始崇拜时期、琐罗亚斯德教（祆教）时期、佛教时期和伊斯兰教伊斯玛仪派时期四个阶段。宗教文化与世俗文化在塔吉克族的生活中均占有重要地位。

（一）原始的自然崇拜

原始的自然图腾崇拜是最初人们在战胜自然过程中形成的对于自然力和自然现象的膜拜。塔吉克族的自然图腾崇拜主要有太阳崇拜、鹰崇拜、慕士塔格峰崇拜等。

加富罗夫说："塞人崇拜地神、天神和太阳神。"[1] 可见塔吉克族曾经把太阳作为图腾，这在我国史料中也有记载，玄奘在《大唐西域记》中所描写的揭盘陀国自称"汉日天种"的故事至今在帕米尔高原流传。[2] 这段珍贵史料说明了塔吉克族先民以太阳为图腾的事实。

时至今日，塔吉克族人民仍被称为"高原雄鹰"，日常生活中塔吉克族的传统乐器"鹰笛"（鹰的骨头制成）、"鹰舞"（塔吉克族传统舞蹈，模仿雄鹰在空中翱翔的动作）和民间传说都把鹰看作勇敢、正义、忠贞和纯洁的象征。可以推测塔吉克文化中对鹰的崇拜很有可能是远古塔吉克族先民鹰图腾崇拜的遗存。

塔吉克族自古就崇拜慕士塔格峰。慕士塔格峰海拔 7546 米，位于塔县与克州阿克陶县的交界处，终年积雪，被塔吉克族敬称为"冰山之父"。塔吉克族的祈祷中也经常会有"慕士塔格，愿你保佑我们""愿你与慕士塔格同在"的祷文。因此，对塔吉克族来说，"慕士塔格的水是神圣的"。[3]

在塔吉克文化中，水、土、气、火四要素占有重要的地位，至今塔吉克族仍有"引水节""皮里克节"（民间也称火把节或点灯街）等节日。塔吉克族民间占卜仍以四要素来测定人的性格脾气。[4] 除此之外，对马、白色面粉和牛奶、盐的崇拜，在塔吉克族生活中亦随处可见。

---

[1] 加富罗夫：《中亚塔吉克史》，肖之兴译，中国社会科学出版社，1985，第 19 页。

[2] 玄奘、辩机：《大唐西域记》，季美林等校注，中华书局，1985，第 984-985 页。

[3] 西仁·库尔班、阿布都许库尔·肉孜、高雪：《中国塔吉克族》，宁夏人民出版社，2012，第 170 页。

[4] 西仁·库尔班、阿布都许库尔·肉孜、高雪：《中国塔吉克族》，宁夏人民出版社，2012，第 173-174 页。

（二）琐罗亚斯德教

琐罗亚斯德教也称"祆教""拜火教"，公元前 6 世纪到公元前 5 世纪在帕米尔高原广泛传播，直至 2 世纪到 3 世纪塔吉克族改信佛教。该教圣典《阿维斯陀》[①]对塔吉克族的思想观念影响深刻。至今塔吉克族生活中仍保留着用点火祭祀、热敷、加温等方法来治疗多种疾病。他们认为，火是同一切邪恶斗争的最有力的武器，一切恶魔、精怪都惧怕火。琐罗亚斯德教奉行二元论，认为世界存在善良和光明的一端，同时也存在邪恶与黑暗的一端，互为矛盾的两端斗争，集中表现为光明之神阿胡拉·马兹达同恶神安格拉·曼纽之间的尖锐斗争，而在两者的斗争中，总是以光明之神得胜而告终。琐罗亚斯德教对塔吉克族的影响源远流长，对火、马、白色和面粉的崇拜等都在现代塔吉克族的生活中体现了该教的影响。

（三）佛教

帕米尔高原佛教文化对塔吉克族也颇有影响，《法显传》《大唐西域记》都记载了揭盘陀国时期塔吉克族聚居区佛教鼎盛时期的盛况。据《大唐西域记》记载，当时的揭盘陀国佛教盛极一时。佛教在帕米尔高原盛行直至 10 世纪末到 11 世纪伊斯兰教被塔吉克族接受。

（四）伊斯兰教伊斯玛仪派

10 世纪末至 11 世纪，伊斯兰教伊斯玛仪派开始被帕米尔高原的居民接受，其学说成为塔吉克族哲学思想的基础。11 世纪，塔吉克族的思想家、诗人、伊斯玛仪派哲学家纳赛尔·霍斯鲁（1004—1088 年）在帕米尔高原传播伊斯玛仪派学说。他是帕米尔伊斯玛仪派教众尊重的"霍加"（精神导师）。伊斯玛仪派主张废除繁复的宗教仪式，强调知识与理性。时至今日，在塔县居住的塔吉克族依然尊崇这些思想，如在斋月，信众多不封斋。但是散居在其他地区的塔吉克族受到周围环境的影响，基本已改信伊斯兰教逊尼派。

伊斯兰教伊斯玛仪派的出现是帕米尔高原塔吉克族哲学发展的转折点。长久以来，帕米尔高原存在各种宗教和崇拜，而伊斯兰教带来一种新的观念，使塔吉克族人民的社会文化生活发生巨变，塔吉克族在共同的信仰和理想中变得更紧密团结。[②]

---

①《阿维斯陀》成书于公元前 4 世纪，全书 21 卷 35 万字。在亚历山大东征时被毁，后来安息王朝和萨珊王朝搜集了其中的五分之一整理出版。

② 张来仪：《帕米尔宗教文化初探》，博士学位论文，暨南大学历史系，2005，第 94 页。

五、民俗节庆

民俗节庆向来与人们的生活习惯、劳作生息和宗教信仰密切相关。塔吉克族在历史发展过程中创造了饱含地域风采的民俗文化和节庆习俗。这些传统风俗与节庆至今仍彰显着塔吉克族的魅力。

（一）劳作节庆

肖公巴哈尔节、祖吾尔节和铁合木祖瓦斯提节是塔吉克族非常重要的节日。肖公巴哈尔节在塔吉克语中意为"迎春节"，也称"若鲁孜节"[1]，意为"新年、新日、新春"。这一节日最初和宗教有关，但现在已无宗教色彩。[2]中国塔吉克族还称其为"且得其德尔节"，意为"除去整个冬季的污秽之物，迎接新一年的到来"。在节日当天，人们装饰房间、撒撒面粉、烤制大馕、准备节日食品，由大家推举的"肖公"带领前往邻里乡亲的家里拜年，送出祝愿，并接受主人撒面粉的祝福，然后一起食用馕和奶茶。人们赞美春天的勃勃生机，感谢自然的无限恩惠，同时对新年寄予美好期望，这一节庆在塔吉克族生活中占有独特地位。

祖吾尔节是塔吉克族的"引水节"。在每年冰雪消融的时节，人们会砸开冰块，引水入渠，为一年耕种做准备。通常全体村民一起出动，引水成功后大家共同庆祝祈福，举行各种活动，祈求风调雨顺，庄稼丰收。这一节日反映出塔吉克族的先民们在很早以前就发展了灌溉农业，展现了塔吉克族的聪明智慧。

铁合木祖瓦斯提节是塔吉克族的"播种节"，这一节日紧跟着"引水节"，通常在正式播种的第一天举行庆祝活动。大家会做各种传统美食，整个村子举行比较隆重的仪式后开始播种。

（二）宗教风俗

塔吉克族的宗教节日有古尔邦节、肉孜节和皮里克节，主要受到伊斯兰教和琐罗亚斯德教（拜火教）的影响。

古尔邦节是伊斯兰教的传统节日，塔吉克族在节日来临前就要做好各种准备，如挑选献牲的羊、制作节日新装、准备各种传统美食和糖果等。人们在节日这天欢聚一堂，共食羊肉，回顾过往，憧憬未来。邻里之间也会相互拜访祝福。

肉孜节也叫"开斋节"，但因塔吉克族不太重礼斋戒，所以对肉孜节不是很重视，但逢节时仍会准备一些节日食品，悼念亲人，走亲访友等。

---

[1]"若鲁孜节"是我国塔吉克、维吾尔、哈萨克、撒拉尔、乌孜别克、柯尔克孜、塔塔尔等民族的节日，在每年的春分时节，人们会在这一天送上祝福，互赠礼物。

[2] 西仁·库尔班、阿布都许库尔·肉孜、高雪：《中国塔吉克族》，宁夏人民出版社，2012，第 161 页。

皮里克节对塔吉克族来说很重要，庆祝仪式十分隆重。由于此节在伊斯兰教历八月十四到十五日进行，因此也叫"巴拉提节"（八月被称作"巴拉提月"）。"皮里克"在塔吉克语中是灯芯、灯的意思，所以皮里克节也叫"灯节""点灯节"，节日时人们点起火把，燃起篝火驱除恶魔，并在已故先人的墓地举行点灯祭奠仪式。这一节日正是拜火教遗俗的体现，在拜火教经典《阿维斯陀》中，对火的崇拜十分显要。[①]

六、文学艺术

塔吉克族人民积累和创作了大量的文学艺术作品，这些精神宝藏和文化遗产源远流长，在今天仍旧熠熠生辉。这些作品既有口头流传的古籍，也有包括散文体和诗歌体在内的民间叙事诗、民间神话、民间传说故事、寓言、民间柔巴依（一种哲理诗）、民间歌谣、民间戏剧、谚语、谜语、格言等，数量之多，令人惊叹。据研究人员搜集汇总，《中国少数民族古籍总目提要·塔吉克族卷》收录的各类文学艺术作品有1760条之多，其中仅文献书籍类就达到51条，讲唱类收录1709条。这些作品内容相当丰富，涵盖塔吉克族生活的方方面面，包括文学、历史、社会道德观念、宗教信仰、医学、自然和风俗习惯等，这些宝贵遗产在塔吉克族的现代生活中依旧大放光彩。如纳赛尔·霍斯鲁的《婚姻手册》[②]仍是塔吉克族举行婚礼遵循的礼俗程序，菲尔多西的《列王纪》[③]至今仍是塔吉克族为孩子起名的参考范本。[④]

近现代时期，由于中亚和帕米尔高原地区政权割据、社会动荡，宗教和贵族势力控制精神领域，社会发展受到限制，意识形态领域更是受到高压控制，文化专制主义盛行，给塔吉克族文学艺术的发展带来灾难。中华人民共和国成立后，塔吉克族文学迎来了发展和繁荣，一批新民歌、民间口头文学得以创作和发

---

① 西仁·库尔班、高强：《浅谈塔吉克族年节》，《中国穆斯林》2010年第3期。
② 纳赛尔·霍斯鲁（1004—1088年），活动于帕米尔高原传播伊斯玛仪派的著名诗人、活动家，其作品多以宗教哲学和伦理为题材，一生作品有6万余行，其《婚姻手册》的姻缘赋至今仍被沿用，主要记述青年男女结婚时古兰经教义的仪式和要求。转引自张来仪《帕米尔宗教文化初探》，《世界历史》2004年第5期，第92-102页。
③ 菲尔多西（940—1020年），生于今伊朗东北部途思古城。《王书》，旧译《列王纪》，为12万行叙事诗，流传至今的有10万多行。主要叙述伊朗古代50位帝王公侯的事迹，包括很多神话、故事和传说。该作品长期在伊朗、伊拉克、阿富汗、巴基斯坦、印度和中亚一带流传，并被译成多国语言。转引自加富罗夫《中亚塔吉克史》，肖之兴译，中国社会科学出版社，1985年，第110页。
④ 古丽佳军·胡西地力:《关于塔吉克族古籍的搜集整理及编目》,《中共伊犁州委党校学报》2010年第3期。

展，大批诗人和作家涌现，创作了体裁多样、内容丰富、反映塔吉克族生活的文学作品。

塔吉克族民间艺术可谓是一座文化宝库，舞蹈、音乐、绘画等艺术形式均闪耀着夺目的光芒。塔吉克族舞蹈以"鹰舞"最富代表性，舞蹈模仿空中自由翱翔的雄鹰，舞蹈欢快，舞姿多彩；塔吉克族民间音乐题材丰富、旋律独特，展现塔吉克族人民的情感生活，如《夏希木卡姆》和《六个木卡姆》，每一种都在不同场合通过民族乐器和唢呐进行演奏；塔吉克族传统乐器种类丰富，主要有鹰笛、芦笛、热瓦普、赛塔尔、布莱尔兹卡姆、手鼓、库姆日、库甫孜等，既有吹奏乐器，又有打击和弹拨乐器。

塔吉克族的绘画雕塑艺术在民间也广为流传，绘画内容多为反映民族风俗习惯和生活的题材，艺术水平较高的是陵墓壁画，以现实主义的绘画手法进行创作。民间还有用木材进行雕刻的作品，题材以动物为主。[①]

七、塔吉克族的教育情况

塔县教育从中华人民共和国成立前到现在发生了巨变。20 世纪以前县城无正规教育，仅有宗教经堂教学点，教授宗教教义。清光绪三十四年（1908 年），清政府蒲犁厅设立了一所学堂；1936 年后成立蒲犁小学和苏巴什小学，农牧民有了上学的机会；1946 年蒲犁县始设教育科。中华人民共和国成立以来，塔县教育状况有了极大改善，形成基础教育、成人教育和职业教育全面发展的格局。

（一）基础教育

截至 2005 年，塔县建成小学 14 所，其中有寄宿制小学 5 所，实行 6 年学制，均使用维吾尔语教材和教学语言。学校开设思想品德、语文、数学、社会、自然、音乐、体育、美术和劳动课；有中学教学班 31 个，在校生人数 1698 人，教师 115 人，累计向社会和大中专院校输送近 9000 人。

（二）职业教育和成人教育

塔县曾开设职业高中，开办兽医和缝纫专业，后因生源不足而停办。教师的进修培训长期进行；还开办有农业广播教育学校，至 2005 年培养各层次学生近 300 名；成人教育以扫盲和技术培训为主，学习文化和实用技术。同时设立自学考试，鼓励支持有能力的人员报考，专业涉及法学、经济管理、机械、语言等，培养了不少人才。

---

① 李永胜：《塔吉克民间艺术和民间口头文学》，《新疆大学学报（哲学社会科学版）》1994 年第 2 期。

（三）教学语言和文字

实行正式教育前，塔吉克族曾经使用达里语——一种中世纪时形成的文字，这种文字在塔吉克族的经典文学作品中被广泛使用。1936年后，公办学校的教学受到教材和师资的影响，均采用维吾尔族语言文字作为教学工具，塔吉克族学生借助维吾尔语学习，学习国家通用语的很少，国家通用语课程也很难开设。这种状况持续到20世纪80年代后期，塔县才逐步在小学开设国家通用语课程，推行双语授课。到20世纪末，情况有了较大改善。21世纪，塔县实施民汉合校工程，逐步以国家通用语替代维吾尔语作为教学语言，同时使用国家通用语教材。这一方面减少了中介语对塔吉克族学生的影响，提高学习效率；另一方面也加快塔吉克族融入更广阔的社会生活的步伐。

八、塔县的语言文字政策环境

"我国是统一的多民族国家，使用共同的语言是构成民族的重要要素，少数民族语言不仅是少数民族社会生活重要的交际工具，而且是民族文化的载体和民族认同的标志，我国多样性的少数民族语言是国家的宝贵资源。"[①] 因此，自中华人民共和国成立以来，国家和民族自治区域政府先后出台了各项语言文字法律法规和指导政策。这些法规和文件规范了语言文字的使用，保护了国家通用语言文字和少数民族语言文字的生存和发展。在此主要讨论国家和新疆维吾尔自治区关于语言文字的法规和政策文件。

（一）国家和自治区的民族语言文字法律法规

1. 国家的语言文字政策法规。

（1）宪法的相关法律规定。我国宪法规定保障和发展少数民族语言文字和教育事业的权利，充分考虑少数民族地区和少数民族群体的生存和发展权，从国家宪法的层次保障少数民族的语言文字使用和发展权利。

（2）《中华人民共和国民族区域自治法》的相关内容。《中华人民共和国民族区域自治法》于1984年第六届全国人民代表大会第二次会议通过。2001年第九届全国人民代表大会通过其修正案。《中华人民共和国民族区域自治法》中涉及语言文字保护和使用的内容更为具体、详细地规定少数民族语言在国家机关行政领域和教育领域的地位，同时也规定了处理汉语和少数民族语言关系的内容。

（3）《中华人民共和国国家通用语言文字法》的规定。《中华人民共和国国家

---

① 黄行：《当前我国少数民族语言政策解读》，《中南民族大学学报（人文社会科学版）》2014年第6期。

通用语言文字法》自 2001 年 1 月 1 日起施行，其内容主要是对全国通用语言文字的使用和规范做出规定，规定各民族可以自由使用本民族的语言文字。

2. 新疆维吾尔自治区的语言文字工作条例此处不详述。

（二）国家和自治区民族语言文字工作

1. 宏观指导政策。

（1）《中共中央关于深化文化体制改革、推动社会主义文化大发展大繁荣若干重大问题的决定》（2011 年 10 月 18 日中国共产党第十七届中央委员第六次全体会议通过）提到要加强少数民族语言文字党报党刊、广播影视节目和出版物等译制播出出版。

（2）党的十八大报告中提到要繁荣发展少数民族文化事业。

（3）新疆维吾尔自治区第八次党代会报告中提倡各民族互相学习语言文字，加强少数民族语言文字翻译工作。

2. 其他辅助文件政策。

（1）国家民族事务委员会《国家民委关于做好少数民族语言文字管理工作的意见》（民委发〔2010〕53 号）。

（2）《国家中长期语言文字事业改革和发展规划纲要（2012—2020 年）》。

（3）新疆维吾尔自治区人民政府《关于大力推进"双语学习"进一步加强语言文字工作的意见》（新政发〔2004〕64 号）。

（4）新疆维吾尔自治区人民政府办公厅《关于进一步规范使用民汉两种语言文字的通知》（新政办发〔2011〕57 号）。

（5）新疆维吾尔自治区党委组织部、宣传部、自治区人力资源和社会保障厅、民族语言文字工作委员会关于《在全区基层干部、新录用公职人员、窗口服务行业相关人员和青壮年农牧民中开展"双语"学习的意见》（新语发〔2011〕16 号）。

以上文件主要涉及以下内容：一是在少数民族地区推广国家通用语言文字的意义；二是科学保护各民族语言文字以及民汉双语学习的机制；三是少数民族语言文字规范化、标准化、信息化建设要求；四是开展少数民族语言国情的调查工作措施；五是开展各民族语言文字科学记录和保存等。

（三）分析与讨论

塔吉克语是塔吉克族社会生活中最重要的交际和思维工具，塔吉克族的语言文字是塔吉克族优秀传统文化的载体。从国家和自治区保护与发展少数民族语言文字政策法规中可以看到兼顾国家语言文字主体性与多样性的原则。

民族认同、民族情感和民族意志要通过使用民族语言文字表现出来。没有自由平等地使用民族语言文字的社会环境，社会的不稳定因素就有可能增加，民族团结也会受到一定的影响。宪法以及各项法律法规的规定，坚持了各民族语言文字平等的原则，是实现民族平等、保障少数民族自治权利的一个重要保障。[①]

现阶段我国的民族语言政策法规主要体现以下三点：一是努力做到互相尊重并保持语言文字的多样性生态格局；二是各族公民都能根据自己的意愿选择使用语言文字；三是尽量实现不同民族的和谐共处，实现民族语言、双语的可持续发展。

但上述各项语言文字政策法规对自治地方自治主体发展状况的多样性考虑略有欠缺。中国语言和经济的巨大差异，不能保证每个少数民族语言都能得到切实保护和发展。大部分少数民族可以通过国家宏观的政策法律保护和发展民族语言文字，实现少数民族语言文字的可持续发展。但对部分人口较少的民族而言，仅仅有宏观指导的法规政策是不够的。语言生态不同于自然生态，不能将语言生态中的主体与自然生态中的主体同等看待。语言在其生态环境中的可持续发展受到很多因素的干预和影响，人为干预对人口较少的民族的语言文字的可持续发展至关重要。

塔吉克族是我国人口较少民族之一，其经济社会发展状况不仅落后于全国大部分地区，而且落后于周边地区，加上塔吉克族语言文字历史发展中存在的不利因素，以及塔吉克族人才资源整体发展欠佳的状况，使塔吉克族很难充分享受到法律赋予的保护塔吉克族语言文字的权利。因此，仅仅依靠国家和自治区层面的法律法规，而没有塔吉克族自治地方相关条例的保障，塔吉克语的保护和发展就只能停留在法律条文上。

塔吉克语生态的和谐发展不同于自然生态的保护机制，不能仅仅依靠语言生态的内部活力。法规政策的保护和调节对塔吉克语生态发展起到至关重要的作用，因而塔吉克族自治地方语言文字条例的制定就显得尤为重要。不论是在国家层面还是在新疆维吾尔自治区层面，宏观的法律法规都不足以形成保护塔吉克语生态和谐的有效机制。未来，在政府行使保护塔吉克族语言文字的职能、专家学者发挥研究探索塔吉克语的才智等方面的投入仍需要加大力度。

综上所述，塔县语言文字政策的生态环境实际上是不容乐观的，这对塔吉克语的保护和发展已经构成不良影响。改善语言文字政策，提高塔吉克语生态的保护指导水平必须提上日程，这也是解决问题的关键。

---

① 周庆生：《中国"主体多样"语言政策的发展》，《新疆师范大学学报（哲学社会科学版）》2013 年第 2 期。

第三章
塔吉克语的结构特征

第一节 塔吉克语的历史与发展

一、塔吉克语的历史

我国境内的塔吉克族语言属于印欧语系的东伊朗语支。自古以来，塔吉克族人就生活在帕米尔高原，这一地区也是古代塞人的主要活动区域。自海上丝绸之路开辟以后，一度作为古丝绸之路中亚段陆路通道交通枢纽的帕米尔高原因交通不便、道路艰险而开始萧条，这一历史转变一方面使塔吉克族聚居区的社会经济发展变得极为缓慢，但另一方面也使人口不多的塔吉克族的语言得以保持古朴的状态。

据研究，现代的塔吉克语保留了中亚塞语、粟特语、吐火罗语等古代语言的成分。从《大唐西域记》《新唐书》等史料的记载和出土文书的考古调查来看，唐代于阗、巴楚的居民使用东伊朗语，甚至喀什噶尔的居民也使用东伊朗语。[①]乔治·格里尔森的研究《印度的语言调查》也证明了这一点：

> 这里的雅利安人分成了两支，各奔前程。一支向南迁移，越过兴都库什，进入喀布尔河谷，从那里进入印度，在那里它的语言变成了现代印度－雅利安土语的基础。另一支，即"伊朗"支——这就是我们这里直接有关的——从浩罕和巴达克山逐渐向东西两面分散。东迁者的后裔目前还居住在帕米尔，他们仍操伊朗语，但这里并不是他们祖先在这个方向迁移的极限。奥雷尔·斯坦因爵士在中亚远在这里以东所发现的一些古老的文件，目前正在被译释，并已肯定属于伊朗语系。而且在今天，甚至在莎车，我们仍能找到雅利安身材和肤色的部落，他们已经采用了后来征服他们的一些民族所说的突厥语，今天我们可以拿塔格邓巴什帕米尔的萨里科尔地区作为伊朗语系的东面界限。
>
> ——引自格里尔森《印度的语言调查》，第十卷，1921年，1-3页。[②]

此外，日本学者羽田亨《西域文化史》记载，西域地区的大量考古发现和古代文书的发掘表明：古代西域地区广泛使用三种语言。第一种语言被欧洲学者证明是粟特语，流传于陆上丝绸之路的交通要道上，广泛分布于我国天山南路、

---

① 西仁·库尔班、阿布都许库尔·肉孜、高雪：《中国塔吉克族》，宁夏人民出版社，2012，第62页。

② 柯宗等著、吴泽霖等辑《穿越帕米尔高原》，吴泽霖译，社会学人类学译丛，民族出版社，2004，第199页。

敦煌及蒙古国，曾在文化传播中起重要作用。第二种语言主要用于古代于阗（今和田）出土的文书中，学者称之为于阗语（和阗语）。有人认为它属于一种伊朗语，称其为东伊朗语。与粟特语相比，于阗语原始的特征被破坏得更为显著。也有人认为它与汉文史籍中所谓的大月氏（即贵霜帝国）的语言类似。第三种语言发现于陆上丝绸之路北道，其文字广泛应用于壁画题词和通行证中。根据当地考古所获得的古突厥语版《弥勒下生经》的跋文，又因该经是从印度语译为 Toxri，即吐火罗语，又从吐火罗语译为突厥语，故认为该地区使用的是吐火罗语。[①]

二、塔吉克语的演化

由于各种语言生态因子的影响，我国塔吉克语发展至今仍较好地保留了古代东伊朗语的特点。"从起源上说，帕米尔的诸语言是亲属语言，但现在帕米尔人和塔吉克人之间通过语言相互了解已经成为不可能。甚至帕米尔人自己也不能相互了解。"[②]我国的塔吉克语内部可分为色勒库尔塔吉克语和瓦罕塔吉克语，由于地理环境和交通条件的影响，各方言又有一些差别。

色勒库尔塔吉克语又分为瓦尔希迭土语和大同土语。瓦尔希迭土语区包括塔县的塔什库尔干乡、提孜那甫乡、塔合曼乡和班迪尔乡的一部分。由于该土语区主要位于县城西部，因此也称其为西部土语，又因处在古代陆上丝绸之路要冲，又是现代塔县政治、经济、文化和交通的中心，故而也称之为中心土语。大同土语区主要包括塔县的瓦恰乡、马尔洋乡、塔吉克阿巴提镇、大同乡、班迪尔乡、库科西鲁格乡的一部分和莎车县、泽普县的一部分，因为这些地区位于县城东部，所以被称为东部土语。由于山脉阻隔，大同土语在不同的乡镇中也会有差异。

瓦罕塔吉克语因其所在地理位置位于帕米尔高原南部的瓦罕地区而得名，瓦罕地区主要指阿富汗境内东北部的广大地区。操瓦罕塔吉克语的塔吉克族多居住在阿富汗、塔吉克斯坦、巴基斯坦和我国的交界地带。瓦罕塔吉克语可以分为东部、北部、西部等多种土语，我国的瓦罕塔吉克语属于东部土语。历史上我国操瓦罕塔吉克语的塔吉克族主要分布在皮山县、叶城县和色勒库尔地区。现在除叶城县和皮山县外，主要居住在塔县县城南部达布达尔乡和塔什库尔干乡的瓦尔希迭村。[③]

① 羽田亨：《西域文化史》，耿世民译，新疆人民出版社，1981，第41-43页。
② 巴哈琳娜：《舒格南语、瓦罕语和塔吉克语主要特点的比较描述》，油印本，中国科学院少数民族语言研究所，1958，第1-3页。
③ 西仁·库尔班、阿布都许库尔·肉孜、高雪：《中国塔吉克族》，宁夏人民出版社，2012，第65页。

第二节　塔吉克语的结构特征

一、语音特征

（一）元音

色勒库尔塔吉克语的元音音位有6个：［i］、［e］、［a］（［A］）、［u］、［ɯ］、［o］。[①]其中，前元音3个，分别为前高展唇元音［i］，次高展唇元音［e］和前低展唇元音［a］。其中［e］有颚化作用。[②]后元音3个，分别为后高圆唇元音［u］，后高不圆唇元音［ɯ］和后次高圆唇元音［o］（图3-1）。

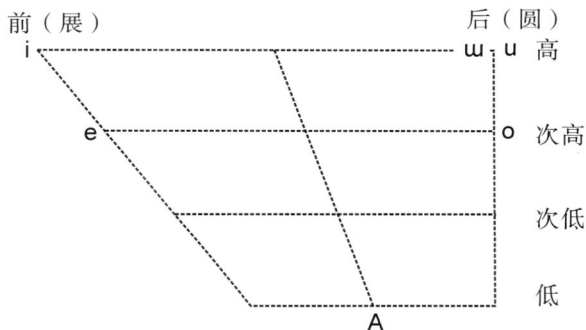

图3-1　色勒库尔塔吉克语单元音音位图

由这些基本音位构成的单、复元音共计14个：［i］、［e］、［a］（［A］）、［u］、［ɯ］、［o］、［ei］、［ui］、［ɯi］、［oi］、［iu］、［eu］、［ɯu］、［ou］。

元音及例词见表3-1：

表3-1　色勒库尔塔吉克语元音例词

元音	例词		元音	例词	
［i］	［asil］纯洁	［waðiʧ］麻雀	［e］	［gez］擀面杖	［peqka］火炉
［a］（［A］）	［paðbun］马镫	［na］不	［o］	［χado］木杆	［glondz］胖墩
［u］	［guz］草滩	［puð］鞋底	［ɯ］	［pɯgan］明天	［zɯmb］面汤
［ei］	［peimano］赏赐	［seifil］城墙	［oi］	［ʃoid］读	［vijoid］骑

[①] 为便于拼写，央低元音［A］一律写作［a］。

[②] 高尔锵：《塔吉克语简志》，民族出版社，1985，第5页。

续表

元音	例词		元音	例词	
[ui]	[ʤui] 地方	[gui] 时	[ɯi]	[rɯi] 脸	[ubrɯi] 威信
[iu]	[qiu] 叫	[iu] 一	[eu]	[deu] 恶魔	[neu] 九
[ou]	[lou] 大	[tʃaboud] 鸽子	[ɯu]	[ʤɯu] 缩拢	[kɯtɯu] 山洞

（二）辅音

色勒库尔塔吉克语辅音音位 30 个，其中单辅音 26 个，复辅音 4 个。辅音大多清浊相对，其中［w］、［j］可在元音之前构成音节，也可置于音节末尾。如［wux］草、［qawɯz］麦茬儿、［ðeiw］疯、［jatim］孤儿、［sujib］主人、［roj］田沟、田堘；有时与辅音构成音节，如［rɯhj］灵魂、精神。喉音［h］主要用于借词，但在词中常常省略或者发生变化，变为［w］或［j］音。①如：

［hesap］——［asub］计算

［hosul］——［usil］收获

［baha］——［bawu］价格

［ʤahil］——［ʤujil］固执

辅音成词举例：

[b]	[balda]	斧头	[dɯbur]	脾气	
[p]	[peilei]	手套	[ʤapsar]	头绪、条理	
[m]	[mɯri]	烟囱、烟道	[ɡarm]	荤、荤腥	
[w]	[waχin]	血液	[parwuf]	辫子	
[f]	[faqir]	平民、百姓	[qɯlf]	锁	
[v]	[vrou]	眉、眉毛	[parʤevd]	保佑	
[θ]	[θabeʤ]	干草地	[verθ]	各自、都	
[ð]	[ðorv]	小镰刀	[tuð]	干桑葚	
[t]	[tizɡin]	马缰绳	[imrat]	建筑、建筑物	
[d]	[darak]	消息、动静、音信	[qaldireq]	鱼刺、麦芒	
[n]	[nuranʤi]	金黄	[qarino]	胎便	
[l]	[lɯnʤak]	蹦跳、雀跃、撒欢儿	[maftɯl]	双色彩线、定情礼物	
[r]	[raʁbat]	心情、心思、想法	[qɯrqon]	欢呼、呐喊	

---

① 孙宏开、胡增益、黄行主编《中国的语言》，商务印书馆，2007，第 2527-2528 页。

[s] [sadus] 前年	[maχsad] 目的、目标
[z] [zudbɯd] 宗亲、宗族	[ʁazino] 宝库
[ts] [tsatsa] 雪鸡	[ʥetsak] 小矮棚、小型畜房
[ʥ] [ʥɯp] 一跃而起	[qavʥ] 急促、急迫
[ʃ] [ʃilagei] 围嘴儿	[tɯʃrɯk] 险路、山路险处
[ʒ] [ʒez] 柴火	[ɯʒma] 桑子、桑葚
[tʃ] [tʃudir] 帐篷	[laχtʃagir] 火钳、火剪
[ʤ] [ʤɯrob] 毛线袜	[ouʤ] 发展、开展、兴起、加剧
[j] [jaktu] 衬衫	[oqjol] 白鬃马
[k] [kɯrwun] 商队、商旅	[puʃkasto] 妇女、女人
[g] [gawar] 宝石、珍宝	[mergan] 猎人
[x] [xamard] 新郎	[max] 豌豆
[ɣ] [ɣin] 妻子	[kaɣak] 卷曲
[q] [qadit] 干肉	[tɯrqi] 细筛子
[χ] [χust] 礼物、礼品	[nalχun] 凿子
[ʁ] [ʁal] 羊圈	[sɯʁu] 水桶
[h] [haqeqat] 真理、事实	[pinhun] 隐藏，隐蔽

辅音音位见表 3-2[①]：

表 3-2 色勒库尔塔吉克语辅音音位表

发音方法			发音部位												
			上唇	上齿	上齿	齿背	齿龈	齿龈	硬腭	前硬腭	中腭	软腭	小舌		
			下唇		舌尖			舌尖舌面		舌面		舌根		喉音	声门音
			双唇	唇齿	齿间	舌尖前	舌尖中	舌尖后	混合舌页	舌面前	舌面中	舌根	小舌		
塞音	清	不送气											q		
		送气	p			t						k			
	浊	不送气	b			d						g			
		送气													

---

① 高尔锵：《塔吉克语简志》，民族出版社，1985，第 6-7 页。音位表据此整理。

续表

发音方法			发音部位												喉音	声门音
			上唇	上齿	上齿	齿背	齿龈	齿龈	硬腭	前硬腭	中腭	软腭	小舌		
			下唇		舌尖				舌尖舌面	舌面		舌根			
			双唇	唇齿	齿间	舌尖前	舌尖中	舌尖后	混合舌页	舌面前	舌面中	舌根	小舌		
塞擦音	清	不送气													
		送气					ts		ʧ						
	浊	不送气					ʣ		ʤ						
		送气													
鼻音			m				n								
颤音	浊音						r								
闪音															
边音							l								
擦音	清			f	θ	s			ʃ			x	χ	h	
	浊			v	ð	z			ʒ			ɣ	ʁ		
半元音	浊		w								j				

d、g、ʤ 等音节在词尾一般会清化。① 如：

［xamard］新郎（读作［xamarḍ］）

［lanmouɡ］女子短发（读作［lanmouɡ̣］）

［mouʤ］亮（读作［mouʧ̣］）

（三）重音

色勒库尔塔吉克语的重音一般在词语的最后一个音节，个别词的重音在第一音节。如：［χ ba θ］自己，［ba li］是的，［ɪ lu］一会儿。另外，在动词的祈使语气第二人称单数形式中，重音也在第一音节。如：［pa təu］（你）扔，［na vjiʃ］（你）写，［wa ʒefts］（你）回。

动词的人称词尾、名词的"格""数"及形容词等的"级"的附加成分不带重音。例如：

［xu i-am］我读　　　　　　　　［le vd-af］他们说了

---

① 孙宏开、胡增益、黄行主编《中国的语言》，商务印书馆，2007，第 2528 页。

　　［sujɪ b-an］主人的　　　　　［ma ʃ-an］我们的

　　［batʃo -χeil］小孩们　　　　　［a-kitu b-ef］把书（复数）

　　［tʃa rdʒ-der］较好的　　　　　［χuʃruɪ i-əu］最美丽的

　　构成合成词的每个词干都有重音，但一般主重音仍然在最后的音节上，次重音在前一个词干上。例如：

　　［tòn-le l］衣服　　　　　［tʃàt-xe dʒ］公牛　　　　　［dìl-nɪ zd］亲近的
　　　　身布　　　　　　　　　公牛　　　　　　　　　　　心近

　　［mùm-ba ð］名声坏的　　　［ðès-at-ɪ］十一　　　　　［ðès-at-ne n］十九
　　　　名坏　　　　　　　　　十（和）一　　　　　　　十（和）九

二、词汇特征

（一）词的音节特征

　　色勒库尔塔吉克语的词语音节一般由一个到三个音节构成，单音词很少。一个音节内通常由一个元音或一个元音和一个辅音叠加交替构成，也会有一个元音和几个辅音叠加构成的音节，但辅音不能单独构成音节。色勒库尔塔吉克语的音节一般有如下形式（V 为元音，C 为辅音）[①]：

　　V　　　　　［a］吧，［o］吧

　　VC　　　　［ad］，界限，［od］这里，［ɯtʃ］很

　　CV　　　　［bo］吻，［ku］哪儿，［lu］兄弟

　　CVC　　　［tir］子弹，［vaq］外面，［gos］恍惚

　　VCC　　　［idʒr］忧愁，［arz］控告、诉讼，［ung］现实

　　CVCC　　［gɯxt］肉，［kalt］解脱，［ʒordʒ］奶妈

　　CVCCC　［togxd］久病，［ʁɯgxm］厌烦

（二）单纯词的构成

　　1.单音节单纯词。这类单纯词在色勒库尔塔吉克语中不占多数，其中单音素单纯词一般是词缀、语气词或者叹词。如：

　　［a］　　①（语气词）吧；②宾格附加成分

　　［i］　　（数词）一（仅有的一个）

　　［m］　　前缀，用于特指（如：mjad 这，mjam 这）

---

① 孙宏开、胡增益、黄行主编《中国的语言》，商务印书馆，2007，第 2528-2529 页。

　　［o］　①（语气词）吗；②（叹词）哎

　　［u］　（语气词）呢、呀

　　单音节单纯词数量相对较多，一般由一个元音和一个或两个以上辅音构成。单音节单纯词基本是名词、代词、形容词等。如：

［aft］	（名词）身躯	［dʒad］	（名词）神灵
［kɯt］	（形容词）短的	［pam］	（形容词）涨大的
［od］	（代词）这里	［om］	（连词）并且、及
［qu］	（叹词）吆喝牲畜	［sal］	（副词）稍微

　　2. 多音节单纯词。大多数单纯词都是由一个以上的音节构成的，且多音节词占多数。[①] 如：

［waxlapond］	（动词）使撒出	［ðɯdʒoxst］	（动词）痒
［dʒabar］	（形容词）巧妙的	［ʁorðbun］	（名词）眼珠子

（三）合成词的构成

　　1. 派生合成词。这类词指在词根前面加前缀或在词根后面加后缀构成一个与原单词意义相近或截然相反的新词。塔吉克语的派生构词比较活跃，尤其是加词缀构词，词缀丰富，构词能力强。[②] 如：

［am-］	［safar］	旅行	［amsafar］	旅伴
［ba-］	［doulat］	财富	［badoulat］	富裕
［be-］	［parwu］	担心	［beparwu］	放心
［nu-］	［ɯmeið］	希望	［nuɯmeið］	失望
［-dun］	［qalam］	笔	［qalamdun］	笔筒
［-eiʤ］	［lel］	衣服	［leleiʤ］	衣料
［-enʤ］	［menʤ］	夏天	［menʤenʤ］	夏天的
［-kɯn］	［vɯnon］	懒惰	［vɯnon］	懒惰者

　　2. 复合合成词。在塔吉克语里，名词、动词、形容词和数词等可组合为一个新词。[③] 如：

---

① 词汇选自高尔锵：《塔吉克汉词典》，四川民族出版社，1996 年。

② 高尔锵：《塔吉克语简志》，民族出版社，1985，第 14—17 页。

③ 高尔锵：《塔吉克语简志》，民族出版社，1985，第 24—27 页。

名词＋名词： ［tʃed］ 屋 ［diver］ 门 ——［tʃed-diver］ 住所

［tʃat］ 牛 ［xeʤ］ 公牛 ——［tʃat-xeʤ］ 公牛

名词＋形容词： ［tan］ 身体 ［drʊst］ 对的 ——［tan-drʊst］ 健康的

［dil］ 心 ［nizd］ 近 ——［dil-nizd］ 亲密的

名词＋动词： ［með］ 腰 ［vandon］ 系，束 ——［með-vandon］ 腰带

［sʊmb］ 蹄 ［tarux］ 刮，刻 ——［sʊmb-tarux］ 刮蹄刀

形容词＋名词： ［χʊʃ］ 高兴 ［rʊi］ 面貌 ——［χʊʃrʊi］ 美丽

［suf］ 纯 ［dil］ 心 ——［suf-dil］ 真心

形容词＋形容词：［ʃiploχ］ 光的 ［tʃand］ 裸 ——［ʃiploχ-tʃand］ 赤裸

［karts］ 深 ［bileq］ 突出 ——［karts-i-bileq］ 凹凸不平

形容词＋动词： ［χali］ 空 ［tʃeig］ 做 ——［χali-tʃeig］ 倒光

［lour］ 大 ［set］ 成 ——［lour-set］ 长大

数词＋数词： ［ðes］ 十 ［woxt］ 八 ——［ðes-at-woxt］ 十八

此外，部分词也可通过重叠方式构成新词，但是为数不多。如：

［won］毛 ——［won-a-won］毛乎乎

［qor］ 折叠——［qor-bar-qor］层层叠叠

［ʤald］快 ——［ʤald-a-ʤald］快快的

3. 借词。塔吉克语在发展中由于与周边语言接触以及受到宗教文化影响，借用现象比较常见，主要表现在词汇中。早期借词主要来自波斯语、阿拉伯语、英语、俄语、法语以及突厥语等，近代借词主要来自维吾尔语和汉语。[1] 但是动词借入会按照塔吉克语进行相应转化，会加上动词词尾。[2] 如：

维吾尔语动词		塔吉克语动词
［baʃlaʃ］	带领	［boʃla-miʃtʃeig］
［ɵsyʃ］	成长	［es-miʃtʃeig］
［tækʃyruʃ］	检查	［takʃur-miʃtʃeig］
［etʃiliʃ］	开放	［otʃul-miʃset］

---

① 新疆维吾尔自治区地方志编纂委员会、《新疆通志·语言文字志》编纂委员会：《新疆通志第76卷·语言文字志》，新疆人民出版社，2009，第239页。

② 高尔锵：《塔吉克语简志》，民族出版社，1985，第28页。

波斯语借词。如：

[ʃir]	奶	[omadi]	来
[hamru]	同伴	[teiz]	迅速
[oftobparast]	向日葵	[swχanwar]	话多的
[gwzar]	通过	[nudun]	无知

阿拉伯语借词，多受到伊斯兰教的影响。如：

[wkm]	规则	[ru]	精神
[rawuʤ]	发展	[din]	宗教
[dujim]	经常	[dalulat]	训示
[dalil]	证据	[mwzufir]	流民

突厥语借词。如：

[katman]	锄头	[birintʃi]	第一
[saksan]	八	[oltmiʃ]	六十
[palou]	抓饭	[seilom]	选举
[jamiʃ]	水果	[quʁun]	甜瓜

汉语借词，多数是从维吾尔语中借入源语，而其源语是汉语。如：

[ʤuzi]	桌子	[tʃangza]	窗子
[seipwŋ]	裁缝	[duʤoŋ]	队长
[kujan]	科员	[bu g u]	报告
[χaswng]	花生	[sei]	菜

英语、法语、俄语等的借词的源语多是维吾尔语，其源语向前追溯是英语、法语等。如：

[dwχtwr]	医生	[kastum]	西服
[banka]	银行	[mikrub]	细菌
[pilon]	计划	[gwrwpo]	组
[kinu]	电影	[partija]	党

塔吉克语借词借入的主要途径有：一是宗教传播借入，这主要是受到 10 世纪后传入西域地区的伊斯兰教的影响；二是陆上丝绸之路贸易通道上的接触传播，作为陆上丝绸之路的交通枢纽，帕米尔高原生活过塞人、粟特人、吐火罗人、

羌人等，以及经由陆上丝绸之路来往于东西方的波斯人、阿拉伯人、印度人等，语言在贸易和接触中受到很大影响；三是政治势力影响。

（四）词汇类别

根据语法意义和语法特征，色勒库尔塔吉克语的词语有名词、代词、形容词、动词、副词、数词、前置词、连词、叹词和语气词等大类。其中在句中起主要作用的是名词和动词，形容词、副词、语气词起修饰作用，前置词和连词属于虚词范畴，代词和数词具有名词性特点。色勒库尔塔吉克语词类特征见表3-3。

表3-3 色勒库尔塔吉克语词类特征 [1]

词类	特征	示例
名词	名词分为专有名词和普通名词。名词有人称、数和格的语法范畴。格主要有主格、宾格、领属格、向格等	［batʃo］小孩（主格） ［batʃo-an］小孩的（领属格） ［batʃo-ri］对小孩（向格） ［a-batʃo］把小孩（宾格） ［batʃo-χeil］孩子们（主格复数） ［batʃo-ef-］孩子们（非主格复数）
代词	有人称代词、指示代词、疑问代词、反身代词、物主代词和不定代词几类	［waz］我 ［maʃ］我们 ［χɯbaθ］自己 ［jɯ］那 ［tʃoi］谁
动词	动词最为复杂，有时体、人称、数等语法范畴	示例较为复杂，篇幅较大，此处未能列出
动词	不定式带有词尾［-əu］	［zoɣt-əu］拿 ［xoid-əu］读
动词	动名词是去掉不定式词尾后的词干，动名词没有形态变化	［zoɣt］拿 ［xoid］读

---

[1] 例词出自孙宏开、胡增益、黄行主编《中国的语言》，商务印书馆，2007，第2631-2639页；西仁·库尔班、庄淑萍：《中国塔吉克语色勒库尔方言概述》，《语言与翻译》2008年第1期。

续表

词类	特征	示例
动词	形动词由动词词干或者动名词、限定动词加附加成分构成。有现在时、过去时和将来时。现在时形动词由"［tʃi］+动名词"构成；过去时形动词由"过去时+［əndʒ］"构成。将来时形动词由"动名词+［itʃuz］"构成	［tʃi-xɯkɛig］正在找的 ［tʃi-rafond］正在使用的 ［nalɯɯ-ʃtʃuz-əndʒ］住了的 ［χovdʒ-əndʒ］下来了的 ［weð w-böw］将装的 ［levd-itʃuz］将说的
	限定动词包括两种：现在将来时和过去时。现在将来时是去掉不定式词尾的"［d］、［t］、［g］"和"［əu］"构成，语音会有变化；过去时主要也是去掉不定式词尾构成	［xɪdəu］听 ［xan］现在将来时 ［xɯd］过去时

动词	单复数	第一人称	第二人称	第三人称
现在将来时	单数	–［am］		–［d］/ –［t］
	复数	–［an］	–［it］	–［in］
过去时	单数	–［am］	–［at］	–［i］
	复数	–［an］	–［af］	–［af］

动词的人称是在限定动词的基础上构成的。现在将来时和过去时人称有差异

示例：［xoid-əu］读　［xui-am］我读　［xoid-i］他读了

词类	特征	示例
形容词	有级的语法范畴，修饰名词、动词	小［dʑɯl］（原级） ［dʑɯl-der］（比较级） ［dʑɯl-ou］（最高级） ［dʑɯl-ik］（表爱级）
数词	分为基数词、序数词，用于计算数目，表示顺序。序数词是由基数词加 –intʃi 构成；分数词在分母前加前置词 az"从"构成	［iu］一 ［iu-intʃi］第一 ［az］［ðou］［iu］二分之一
副词	有时间副词、程度副词、疑问副词等	［ʃitʃ］现在 ［ɯtʃ］很 ［magam］大概、也许 ［tseizir］为什么
前置词	均为单音节词，在名词、代词前表示位置方向、方式和状态等关系	［ar］在……（里） ［ar］［sandeq］在箱子里
连词	分为并列连词、从属连词。并列连词连接并列关系的词、句；从属连词连接关系不等的复合句	［waz］［at］［yu］我和你 ［jokiwaz］［jokitou］要么我，要么你

续表

词类	特征	示例
语气词	表示否定的、强调的、祈使的等	［na］不 ［laka］让 ［u］嘛
叹词	表示带有感情色彩的声音形式以及呼唤牲畜的词	［ollo］哎呀 ［touba］哦 ［ɯx］哎哟 ［gutʃ－gutʃ］（叫狗）

三、语法特征

（一）简单句 [①]

色勒库尔塔吉克语的句子从语法功能上看，有主语、谓语、宾语、定语和状语等成分。通常名词、代词、动名词等名词性成分充当主语和宾语，动词、行动词和形容词充当谓语，而能充当定语的成分涵盖了各实词成分，副词、形容词、数词等充当状语。

1. 色勒库尔塔吉克语由于存在人称、数、时和格的语法范畴，因此在成句过程中要注意以上范畴的一致性问题。例如：

（1）［wi］［dest］［χabar］［soud］．他的朋友得到消息。

　　　他的朋友（主语）　消息　成（谓语）——过去时第三人称单数与主语保持一致

（2）［wi］［udam-an］［wi］［qor］［jot］．那个人发怒了。

　　　那　人（领属格）　他的　怒气　来了

（3）［kɯ］［a-mi］［dun］［kalo-am］［aron］［veu g］．我只带来了这些羊。

　（确指）宾格　（这）一些羊　（人称词尾）只　带来了

（4）［jɯ］［wi］［ato］［a-num］［waðord］．他提起父亲的名字。

　　　他　他的　父亲　（宾格）名字　握

（5）［teu］［ʤiðu］［χal g -ir］［mo］［lev］．你不要对别人说。

　　　你　别的　人（向格）　不要　说

① 本部分例句均引自孙宏开、胡增益、黄行主编《中国的语言》，商务印书馆，2007，第 2539-2545 页。

2. 句子中各成分的位置关系比较固定，主语在前，谓语在后。宾语在主语和谓语之间。定语、状语、谓语在被修饰成分前。但状语位置相对灵活，可在句子前部，也可在句子后部。例如：

（1）［juɯ］［xats］［juðʤ-enʤ］［kalo-ef］［-an］［wef］［suɯrat］
［-ik］［ar］［wi］

　那　水　带来了的　羊（复数）（领属格）它们的　像（主语）（现在时）
　在　那

［koul］［darɯn］［nɯmuid］. 湖水映出了羊的形状。

　湖　里面　呈现（谓语）

（2）［ano］［batʃo］［-ir］［leq］［pameʣond］. 妈妈给孩子穿衣服。

　妈妈　孩子（向格）　衣服（宾格）　使穿

（3）［i］［tʃi］［darju］［lab］［lour］［guz］［jost］. 在一条河边上有大草滩。

　一　在　河　边　大（定语）　草滩　有

（4）［juɯ］［a-］［lel］［tazo］［pukzo］［zɯnud］. 他把衣服洗得十分干净。

　他（宾格）　衣服　十分　干净（状语）　洗了

3. 单句中有陈述句、疑问句、祈使句和感叹句。疑问句和祈使句通常借助语气词完成，感叹句通过感叹词构成句子。例如：

（1）［pa］［di］［katsur］［juts］［na］［reðʤ］. 炉子里没有火了。（陈述句）

　在　这　炉子　火　没有　留了

（2）［a-］［wi］［rabub］［-at］［vouɡ］［o］？那把那琴拿来了吗？（疑问句）

　（宾格）那　琴　（人称词尾）　拿来了　吗（注：过去时人称词尾，置于动词之前）

（3）［tou］［mɯ］［-ir］［kɯ］［a-］［wi］［qalam］［tsa］［vɯrei］. 你给我找下那支笔。（祈使句）

　你　我　（向格）（确指）（宾格）那　笔　要是　找

（4）［patʃ］，［mɯ］［kol］［-ik］［ðizd］. 哎哟，我头疼！（感叹句）

　哎哟　我的　头（现在时）　疼痛

（二）复合句

色勒库尔塔吉克语复合句按句法关系和逻辑关系可分为两种：并列复合句和主从复合句。

1.并列关系复句。例如：

（1）［tou］［bur］［pa］［tʃed］［niθ］，［waz］［χɯ］［kitub］［vor］［–am］.
　　你　那么　在　屋（里）坐　我　自己的　书　拿来（人称词尾）
　　那你坐屋子里，我把自己的书拿来。

（2）［kɯ］　［a–］　［di］　［–am］　［vɯg］　［at］　［a–］　［wi］　［–am］
［bɯnost］.

（确指）（宾格）这（人称词尾）找了　和（宾格）那（人称词尾）丢失了
　　我找到了这个，丢了那个。

2.主从关系复句。色勒库尔塔吉克语有定语性、状语性和补足性从句。[①]
例如：

（1）［nɯk］　［wi］　［ourat–ir］　［pɯl］　［tsa］　［ðuʤ–it］，　［jɯ］
［ourat］［peidu］［sɯt］［jot］.

　　（确指）那女人（向格）钱（强调语气）已给了那　女人　出现　成了
来了
　　给他钱的那个女人来了。

（2）［kɯ］　［pa］　［di］　［ðer］　［tsa］　［diθ］，　［wef］　［katʃ］　［pa］
［dɯm］.

　　（确指）向　这　山谷如果　进　他们的住处　在　那里
　　要是你进这个山谷，就会发现他们的住处。

（3）［mɯ］　［pa］　［tʃed］　［sarbari］　［tʃeig］　［asuk］　［χalg］　［nist］，
［ki］　［wi］　［avon］　［waz］

　　　我的　在家　管理　做　会　人　没有（确指）　那　为　我
［χutirʤam］［nist］.

　　　安心　没有
我们家没有精通管理的人，所以我很不安。

（4）［jɯ］　［levd］　［iko］　［tavɯrud］　［a–］　［ta］　［–ik］　［xɯkerd］.
　　　他　说（补充成分引导词）你的兄弟（宾格）你（现在时）找
他说："你兄弟在找你。"

---

① 孙宏开、胡增益、黄行主编《中国的语言》，商务印书馆，2007，第2546页。

四、瓦罕塔吉克语

瓦罕塔吉克语原是阿富汗瓦罕地区使用的一种塔吉克语，通行于我国塔吉克族瓦罕人当中，与色勒库尔塔吉克语有一些差别。我国塔吉克族使用此种方言的人口约 1 万，主要分布在塔县塔什库尔干乡瓦尔希迭村、达布达尔乡，及叶城县、泽普县和皮山县。[①] 色勒库尔塔吉克语和瓦罕塔吉克语之间的主要区别集中在语音上，词汇和语法差别不大，说瓦罕塔吉克语的塔吉克族群众基本能听懂色勒库尔塔吉克语。调查发现，说瓦罕塔吉克语的塔吉克族群众与来自巴基斯坦的塔吉克族务工人员也能进行交流。二者语音的差别具体如下：

1. 元音音位。瓦罕塔吉克语元音音位与色勒库尔塔吉克语差别不大，只少了次高展唇元音［e］，但是多了央元音［ə］（图 3-2）。另外，复元音替换了色勒库尔塔吉克语的［ei］、［eu］，取而代之的是［əi］、［əu］，如［dʑəi］绳、［paləu］旁；同时还多出两个以［a］开头的复元音［ai］、［au］，如［mobain］中间、［nau］九。

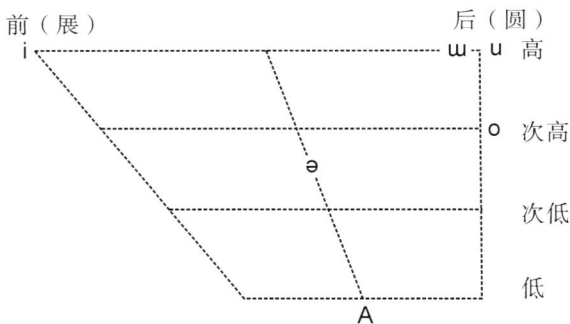

图 3-2　瓦罕塔吉克语单元音音位图

2. 辅音音位。瓦罕塔吉克语的辅音音位与色勒库尔语差别较多，除色勒库尔塔吉克语的 30 个辅音外，还多出 6 个舌尖后卷舌辅音：［tʂ］、［dʐ］、［ʂ］、［ʐ］、［tʂ］、［dʐ］。详见表 3-4：[②]

---

① 新疆维吾尔自治区地方志编纂委员会、《新疆通志·语言文字志》编纂委员会：《新疆通志第 76 卷·语言文字志》，新疆人民出版社，2009，第 236 页。
② 高尔锵：《塔吉克语简志》，民族出版社，1985，第 101-102 页。音位表据此整理。

表3-4　瓦罕塔吉克语辅音音位表

发音方法			双唇	唇齿	齿间	舌尖前	舌尖中	舌尖后	混合舌页	舌面前	舌面中	舌根	小舌	喉音	声门音
塞音	清	不送气											q		
		送气	p				t	ţ				k			
	浊	不送气	b				d	ɖ				g			
		送气													
塞擦音	清	不送气													
		送气				ts		tʂ	ʧ						
	浊	不送气				dz		dʐ	dʒ						
		送气													
鼻音			m				n								
颤音	浊音						r								
闪音															
边音							l								
擦音	清			f	θ	s		ʂ	ʃ			x	χ	h	
	浊			v	ð	z		ʐ	ʒ			ɣ	ʁ		
半元音	浊		w								j				

发音部位（表头分级）：上唇、上齿、上齿、齿背、齿龈、齿龈、硬腭、前硬腭、中腭、软腭、小舌、喉音、声门音；下唇、舌尖、舌尖舌面、舌面、舌根、喉音、声门音

第四章
塔吉克族分布地区的语言生态格局及语言间的关系

第一节　塔吉克族分布地区的语言生态格局概述

一、塔吉克族分布地区的人口分布状况

历史文献和考古资料共同证明，数千年来塔吉克族一直在其聚居区繁衍生息，犹如中华文明璀璨星河中的一颗耀眼明珠。塔什库尔干镇是我国古代陆上丝绸之路上闻名中外的交通重镇，曾是中国通往中亚、西亚和地中海诸国的必经陆路通道。据许多史籍及早期资料记载，在整个漫长的历史时期里，这条连接中亚同中国往来的陆上丝绸之路是出入最为频繁的。[①] 如 C. P. 斯克莱因在《中国的中亚》一书中关于塔什库尔干镇的政治、经济地位的描述等。

由此可见，历史上的塔什库尔干镇就是帕米尔高原的政治、经济、文化中心和交通枢纽。因处于这样的交通要道上，这里的居民在文化上受到希腊文化、佛教文化、伊斯兰文化和中原文化的熏染，形成极具包容性的文化；继承古代塞人和粟特人等操东伊朗语部族的血统，又受到曾经统治这一地区的羌人和突厥人的影响，演化成为现代的塔吉克族。这些为当代塔什库尔干的语言文化生态格局的形成奠定了基础。

今天的塔县位于塔什库尔干古城西南，西南与巴基斯坦、阿富汗、塔吉克斯坦接壤，边境线 888.55 千米。其中，塔县与巴基斯坦接壤 599 千米，与阿富汗接壤 92.45 千米，与塔吉克斯坦接壤 197.10 千米。塔县东南与莎车县、叶城县和泽普县相连，北与阿克陶县相接。[②]

塔什库尔干地区是多民族聚居区，民族成份较多，但人口主要集中于几个民族。据新疆维吾尔自治区统计局公布的 2011 年数据，塔吉克族聚居区各民族人口数及大致分布情况见表 4-1：

---

① 柯宗等著、吴泽霖等辑《穿越帕米尔高原》，吴泽霖译，社会学人类学译丛，民族出版社，2004，第 147 页。
② 黄华均、白振声：《塔什库尔干塔吉克族现状与发展研究》，中国社会科学出版社出版，2008，第 40 页。

表4-1 2011年塔县及周边县市民族人口数

单位：人

地区	合计	塔吉克族	维吾尔族	汉族	柯尔克孜族	回族	哈萨克族	蒙古族	满族	锡伯族	乌孜别克族	塔塔尔族	其他民族
塔县	38125	31264	2035	2557	2187	25	11	7	7	6	0	0	26
阿克陶县	202329	5555	145463	7851	43012	211	15	22	1	6	97	26	70
泽普县	208863	3761	166714	36152	547	989	13	125	51	10	81	1	419
莎车县	813782	2801	779251	27393	1187	987	11	105	32	29	1780	30	176
叶城县	457122	2083	428886	22685	1123	960	30	47	42	6	1068	1	191

从表4-1中可以看到，在塔什库尔干塔吉克族分布地区主要居住着维吾尔族、塔吉克族、柯尔克孜族、汉族等，此外还有回族、哈萨克族、满族、锡伯族、蒙古族、乌孜别克族、塔塔尔族等。为能更详细地了解各民族人口比例，可通过表4-2进一步观察。

表4-2 2011年塔什库尔干塔吉克族分布地区及周边地区民族人口比例

民族	塔吉克族	维吾尔族	汉族	柯尔克孜族	其他民族
人数	45464人	1522349人	96638人	48056人	7714人
占比	2.64%	88.50%	5.62%	2.79%	0.45%

通过表4-2可以看到，整个塔什库尔干及其周边地区的主体民族是维吾尔族，占总人口的88.50%，排在后面的依次为汉族、柯尔克孜族、塔吉克族，其他民族仅占0.45%。换句话说，在地域交流频繁的今天，塔吉克族人民的生活会受到以上几个主体民族的影响。因此，塔吉克族聚居区的塔吉克族语言文化势必会受到维吾尔族语言文化、汉族语言文化和柯尔克孜族语言文化的影响。其中，维吾尔族语言文化和柯尔克孜族语言文化都属于突厥语族语言文化系统。

塔县民族人口比例见表4-3。

表4-3 2011年塔县民族人口比例

民族	塔吉克族	维吾尔族	汉族	柯尔克孜族	其他民族
人数	31264人	2035人	2557人	2187人	82人
占比	82.00%	5.34%	6.71%	5.74%	0.22%

表 4-2、表 4-3 显示，不管是在整个塔吉克族分布地区还是在塔吉克族分布较为集中的塔县，能够对整个塔吉克族语言生态格局产生影响的语言文化仍旧是维吾尔族语言文化、汉族语言文化和柯尔克孜族语言文化。[①] 因此，塔吉克族的这种人口优势能保留多少，塔吉克语的生态位是什么状况，这些问题还有待深入研究。

二、塔吉克族分布地区各主要民族语言文化概述

（一）塔吉克族及其语言文化

前文已详细介绍，此处不再赘述。

（二）维吾尔族及维吾尔语言文化

维吾尔族（Uygur）是一个历史悠久的民族，维吾尔族先民的主体是隋唐时期的回纥人，活动在蒙古高原，曾经有乌护、乌纥、袁纥、韦纥、回纥等多种汉译名称。1934 年，新疆省发布政府令，决定统一使用"维吾尔"作为汉文规范称谓，意为维护你我团结。[②]

唐朝时期，回纥人为了反抗突厥的压迫和奴役，联合铁勒诸部中的仆固、同罗等部组成了回纥部落联盟。唐天宝三年（744 年），统一了回纥各部的首领骨力裴罗受唐朝册封。唐贞元四年（788 年），回纥统治者上书唐朝，自请改为"回鹘"。唐开成五年（840 年），回鹘汗国被黠戛斯攻破，回鹘人除一部分迁入内地同汉人融合外，其余分为 3 支：一支迁往吐鲁番盆地和今天的吉木萨尔地区，建立了高昌回鹘王国；一支迁往河西走廊，与当地诸族交往融合，形成裕固族；一支迁往帕米尔以西，后分布在中亚至今喀什一带，与葛逻禄、样磨等部族一起建立了喀喇汗王朝。回鹘人相继融合了吐鲁番盆地的汉人、塔里木盆地的焉耆人、龟兹人、于阗人、疏勒人等，构成近代维吾尔族的主体。元朝时维吾尔族先民在汉语中又称畏兀儿。元明时期，新疆各民族进一步融合，蒙古人尤其是察合台汗国的蒙古人基本和畏兀儿人融为一体，为畏兀儿补充了新鲜血液。最后在清政府统治下，新疆地区统一，民族融合加剧。中华人民共和国成立后，1955 年成立了新疆维吾尔自治区，包括维吾尔族在内的广大少数民族的生存和发展权

[①] 不同的是在塔县境内，塔吉克族人口数量占有优势地位，但由于塔吉克语没有文字，加上部分地区已经转用维吾尔语，塔县以外的塔吉克民族乡只有老人会说塔吉克语，年轻人基本转用维吾尔语。而塔县自民国时期有正规学校教育以来，由于师资和教材的限制，都使用维吾尔语教材，很多人母语水平不高。

[②] 中华人民共和国国务院新闻办公室：《新疆的若干历史问题（2019 年 7 月）》，人民出版社，2019。

得到保障。①

维吾尔族在历史发展中形成了优秀的文化艺术，文学体裁内容丰富，玉素甫·哈斯·哈吉甫的叙事长诗《福乐智慧》和马赫穆德·喀什噶里的《突厥语大词典》至今熠熠生辉，口头文学《阿凡提的故事》流传不衰。入选世界非物质文化遗产名录的古代维吾尔族史诗《十二木卡姆》集歌曲、舞曲和诗歌艺术于一体，传唱至今。能歌善舞的维吾尔族，每到节日和喜庆的日子就会打起手鼓，弹起热瓦甫和都塔尔，载歌载舞。维吾尔医学简称"维医"，历史悠久，理论体系完整，是中国医药学的重要组成部分。

维吾尔族信仰过萨满教、摩尼教、景教、祆教和佛教，10世纪后开始接受并信仰伊斯兰教，大部分信仰逊尼派，小部分信仰依禅派。主要节日有肉孜节、古尔邦节、诺鲁孜节。维吾尔族都是一夫一妻制的小家庭生活。建筑采用天窗采光，屋内墙壁用色彩艳丽的壁挂毯装饰。房前屋后种植苹果树、杏树、桃树、桑树等树木，门前栽种葡萄，搭设凉棚。传统服饰男子穿"袷袢"（一种长袍），女子穿连衣裙外罩马甲，男女老少都会戴花帽。现在的维吾尔族老人在农村依然穿着传统服饰，而年轻人追求时尚。在其传统饮食中，馕、抓饭、拉面、烤肉、烤包子在日常生活中较为常见。②

维吾尔语属于阿尔泰语系突厥语族，主要通行于新疆维吾尔自治区，有中心方言、和田方言和罗布方言之分。中心方言通行于哈密到莎车县塔克拉玛干沙漠北侧地区，该方言区的维吾尔族人口占维吾尔族总人口的80%左右；和田方言通行于和田地区以及且末县和若羌县等地，占维吾尔族总人口的20%左右；罗布方言主要通行于塔克拉玛干沙漠以东塔里木盆地的尉犁县大部分和轮台县部分地区，占比约为0.4%，3种方言之间的差别主要体现在语音上。③维吾尔族的现代文学语言以中心方言为基础。维吾尔族在历史上曾先后使用过突厥文、粟特文、摩尼文、回鹘文、叙利亚文、婆罗米文、阿拉伯文等，其中阿拉伯文又经历哈卡尼亚文、察合台文、老维吾尔文等阶段，但主流是突厥文、回鹘文、阿拉伯文、察合台文。20世纪七八十年代维吾尔族曾使用以拉丁文为基础的维吾尔新

---

① 中华人民共和国国务院新闻办公室：《新疆的若干历史问题（2019年7月）》，人民出版社，2019。
② 塔什库尔干塔吉克自治县地方志编纂委员会编《塔什库尔干塔吉克自治县志》，新疆人民出版社，2009，第630页。
③ 孙宏开、胡增益、黄行主编《中国的语言》，商务印书馆，2007，第1633页。

文字。① 现行维吾尔文有 8 个元音字母和 24 个辅音字母，从右往左书写，按照字母在词中的位置，形式会有变化。

（三）汉族及其语言文化

汉族在新疆地区历史悠久，是世居民族之一，汉文化在新疆的影响源远流长。早在公元前 138 年张骞出使西域，就建立了中央王朝和西域诸多王国之间的联系。西汉时期，因设置西域都护府而组织汉族军民在西域地区屯垦戍边的人数达 2 万之多，这是历史上有记载的在新疆地区最早的汉族居民。汉朝以后，历代中央王朝时弱时强，和西域的关系有疏有密，中央王朝对新疆地区的管治时松时紧，但新疆地区开发建设的深度和广度不断增大。唐朝有 5 万多人屯垦，元朝有 5.7 万人，清朝前期内地各民族在新疆戍边屯垦的人数达到 48 万，其中包括汉族和其他内地少数民族，但仍以汉族为主。民国时期，开发新疆仍然以军屯和移民为主，1949 年中华人民共和国成立前，新疆总人口达到 433.3 万，汉族人口达到了 29 万，占新疆总人口的 7%。② 中华人民共和国成立后，随着经济建设的开展，支边之风大兴，来自上海、江苏、天津、四川和安徽等省的支边青年进入新疆。第六次全国人口普查时，新疆的汉族人口达到 883 万，占新疆总人口的 41%。③而在这一背景下，塔什库尔干周边地区的汉族人口也达到了近 9.7 万，占这一区域总人口的 5.62%，他们主要来自甘肃、陕西、河南、河北、山东、江苏、湖北、湖南、四川等地。此地主要节庆习俗与内地汉族基本相同，但年节观念远不如内地。另外受少数民族风俗习惯影响，在少数民族节庆期间，汉族人也会前去拜访；穿着打扮与其他地区汉族没有差别；饮食习惯多以面食为主，日常饮食有拉面、焖面、炒面、馒头、饺子等，还有少数民族的馕、烤包子、抓饭；肉类主要食用牛羊肉、鸡肉、鱼肉，猪肉食用较少；婚姻习俗崇尚自由婚姻，且少收彩礼，提倡节俭婚姻；丧葬习俗与内地差别不大，普遍实行土葬，少有火化。

这一区域的汉族日常交流主要使用普通话，但受到少数民族语言影响，其声韵母拼合及声调调值与标准普通话相比略有不同，如上声"214"会读作"213"，此外还会借用一些少数民族语言的词汇，如皮牙子（洋葱）、海麦斯（所有）、麻酷儿（可以、行）、恰塔克（麻烦的事、故障）等。老人们一般用家乡方

---

① 牛汝极：《试论维吾尔语言文字发展的特点》，《中央民族大学学报（哲学社会科学版）》1988 年第 6 期。

② 高莉琴、张新武：《新疆的语言状况及推广普通话方略研究》，北京语言大学出版社，2006，第 2 页。

③ 国务院人口普查办公室、国家统计局人口和就业统计司编《中国 2010 年人口普查资料》，中国统计出版社，2011。

言与人交谈，年轻人则主要说普通话，但交流中，经常会把维吾尔语、塔吉克语和汉语混用，甚至受到语法影响。[①] 如"我去过了不是吗""不是吗"主要表示强调语气，并非反问。

（四）柯尔克孜族及柯尔克孜语言文化

柯尔克孜族主要生活在新疆天山山脉和帕米尔高原，还有少部分生活在黑龙江。"柯尔克孜"是突厥语"四十个姑娘"的意思，也有人认为是"四十个部落""山里的游牧人""赤红色"。历史上柯尔克孜族曾被称为"鬲昆""隔昆""坚昆""结骨""纥骨""契骨""护骨""纥扢斯""黠戛斯""辖戛斯""纥里迄斯""吉里吉斯"等，清朝称其为"布鲁特"。柯尔克孜族先民生活在叶尼塞河上游，唐朝时建立过黠戛斯汗国，隶属中央王朝。13世纪臣服蒙古，15—16世纪为摆脱准噶尔贵族统治，柯尔克孜族先民开始向天山山脉迁移，其中一部分留在今阿克苏地区、喀什地区西部的帕米尔高原、兴都库什山脉和喀喇昆仑山脉一带繁衍至今。还有一部分迁至中亚塔什干、费尔干纳地区。在这一过程中曾与当地的突厥部落和蒙古部落融合，成为柯尔克孜族。中华人民共和国成立后，在柯尔克孜族聚居地区设置了克孜勒苏柯尔克孜自治州，还有一些民族乡。[②]

在历史发展过程中，柯尔克孜族创造了灿烂的文明。世界闻名的英雄长诗《玛纳斯》共有8部分，长达23.4万多行，是文学遗产中璀璨的一颗明珠，已被列入世界非物质文化遗产名录，至今流传民间。文学创作活跃，主要是诗体文章。柯尔克孜族还创造了自己的历法，用动物或者星星为每个月份命名，也用十二生肖纪年。柯尔克孜族喜爱音乐，民间乐器有奥兀孜考姆孜（口弦）、考姆孜（三弦口琴）、克雅克（二弦口琴）、秋吾尔（牧笛）、手鼓和唢呐等。舞蹈形式和内容反映生活和劳作场景。柯尔克孜族工艺美术风格独特，以刺绣、编织最为著名，柯尔克孜族的刺绣作品遍布生活中的衣物、起居用品和房屋装饰品，内容丰富，色彩艳丽，有花鸟、走兽、几何图案等，色调以红、蓝、白为主，尤其喜爱红色。

柯尔克孜族信仰过萨满教，现代我国新疆地区的柯尔克孜族信仰的是伊斯兰教逊尼派，但新疆北部额敏县的部分柯尔克孜族和黑龙江省的柯尔克孜族信仰藏传佛教。信仰伊斯兰教的柯尔克孜族主要节日有肉孜节、古尔邦节和诺鲁孜节，除此之外，还有一些人生礼仪也很受重视，如诞生礼、满月礼、割礼、婚礼

---

① 高莉琴、张新武：《新疆的语言状况及推广普通话方略研究》，北京语言大学出版社，2006，第147-151页。
② 胡振华编著《柯尔克孜语言文化研究》，中央民族大学出版社，2006，第3-4页。

和葬礼等。柯尔克孜族旧式婚礼注重礼节，订婚有指腹婚、娃娃婚和成年婚，重彩礼，存在姑表婚和姨表婚，以及族际婚姻。生活礼仪和禁忌较多，丧葬时将逝者用白布缠裹，实行土葬，只能由男子送葬。家庭一般由祖孙三代直系亲属组成，家庭内男女分工明确。柯尔克孜人的日常饮食主要是奶制品、牛羊肉、马肉、骆驼肉和拉面、馕等。牧民住帐篷较多，冬季住在山谷等温暖地带的四方形土房。服饰颇具特色，男子穿"袷袢"长袍或短装，外束皮带，左边佩小刀，头戴皮或者毡质的方形高顶白色卷檐帽，脚穿皮靴；女子常穿连衣裙，外罩黑色坎肩，包头巾。[①]

柯尔克孜语属于阿尔泰语系突厥语族东匈语支。新疆柯尔克孜语有南北两种方言，北部方言是其文学语言的基础，主要是在牧区使用，通行于新疆克孜勒苏河以北地区；南部方言在农业区普遍使用，主要通行于新疆克孜勒苏河以南地区。两种方言的差别主要在语音上，词汇、语法略有不同。[②]黑龙江的柯尔克孜族语言接近俄罗斯的哈卡斯语，与国内其他地区不同。新疆柯尔克孜族使用过突厥文，现在使用以阿拉伯文为基础的柯尔克孜文，有22个辅音音位、14个元音音位（8个基本元音，6个长元音），相较于其他突厥语，长元音是其特点。[③]

（五）接壤国家民族及其语言文化

塔吉克族聚居区与巴基斯坦、阿富汗、塔吉克斯坦接壤，边境线888.55千米，其中，与巴基斯坦接壤599千米，与阿富汗接壤92.45千米，与塔吉克斯坦接壤197.10千米。有直接贸易往来的正式出入境通道只有中巴、中塔之间分别于1982年开放的红其拉甫口岸和2004年开放的卡拉苏口岸。中阿边界海拔在4000米以上，因此没有开通入境通道，也就没有通商贸易往来。[④]

1. 巴基斯坦及其语言文化。巴基斯坦位于南亚西北部，南临阿拉伯海，东与印度接壤，东北毗邻中国，西北与阿富汗交界，西与伊朗相接。国土面积79.60万平方千米，其中五分之三为山区和丘陵，南部沿海为荒漠，北部是高原牧场和农业区。巴基斯坦是多民族国家，主要民族有旁遮普族、信德族、俾路支族、帕坦族（普什图族）。其中，旁遮普族主要分布于旁遮普省，主要操旁遮普

---

① 塔什库尔干塔吉克自治县地方志编纂委员会编《塔什库尔干塔吉克自治县志》，新疆人民出版社，2009，第630页。
② 胡振华编著《柯尔克孜语言文化研究》，中央民族大学出版社，2006，第30页。
③ 胡振华编著《柯尔克孜语言文化研究》，中央民族大学出版社，2006，第29页。
④ 塔什库尔干塔吉克自治县地方志编纂委员会编《塔什库尔干塔吉克自治县志》，新疆人民出版社，2009，第503、506页。

语①，还有一部分操乌尔都语和印地语，使用阿拉伯字母；信德族是巴基斯坦人口第二大民族，主要居住在信德省和俾路支省，操信德语或乌尔都语，文字拼写使用阿拉伯字母；俾路支族主要分布在俾路支省、信德省和旁遮普省西南部，主要操俾路支语（波斯语的一种方言），部分说信德语或者旁遮普语，使用波斯文字拼写；帕坦族分布于巴基斯坦的西部地区，操普什图语，使用阿拉伯字母拼写。巴基斯坦官方语言是乌尔都语②，乌尔都语属印欧语系印度-伊朗语族印度语支，分布于巴基斯坦、印度和孟加拉国等国，英语也是其行政语言。伊斯兰教是巴基斯坦的国教，巴基斯坦人大部分属于逊尼派穆斯林。③

2. 阿富汗及其语言文化。阿富汗是连接南亚、中亚和西亚的枢纽。其东北部和中国接壤，南部和东部接巴基斯坦，西部和伊朗接壤，北部与土库曼斯坦、乌兹别克斯坦和塔吉克斯坦相邻。阿富汗国土面积64.75万平方千米，主要民族有普什图族、塔吉克族、哈扎拉族、乌兹别克族、俾路支族、努里斯坦族和土库曼族等。其中，塔吉克族和吉尔吉斯族分布在东北部的瓦罕走廊和塔吉克斯坦与阿富汗的边界地区，讲达里语，这一地区的部分居民的语言文化与我国新疆，及巴基斯坦特别是与塔吉克斯坦相邻地区的语言文化相同；普什图族分布在东南部山区和靠近巴基斯坦的广大地区，其中山区主要是半游牧区，南部的坎大哈省属于农业区，人口稠密，主要操普什图语和达里语；哈扎拉族分布于中央山区，是蒙古族的后裔，绝大多数信奉什叶派，说法希语；北部平原地区主要居民为乌兹别克、吉尔吉斯、土库曼等少数民族；西部与伊朗、乌兹别克斯坦和塔吉克斯坦相连地区是乌兹别克族的聚居区，是富裕的农业区。普什图语和达里语为阿富汗官方语言，其他地方语言有乌兹别克语、俾路支语、土耳其语和法希语等。

阿富汗人信奉伊斯兰教，其中80%信奉逊尼派，什叶派约占19%，还有不到1%的人口信奉犹太教、印度教和基督教。主要节日是开斋节和古尔邦节。普什图族妇女穿着保守，不能露出肌肤，全身包裹，家族关系严密；塔吉克族是阿富汗人口第二大民族，其经济以农业和手工业为主，善于经商；乌兹别克族经济以农业为主，牧业为辅；土库曼族经济以牧业为主，以农业为辅。④

---

① 梵文的一种方言，印欧语系印度语族，与乌尔都语近似。

② 乌尔都语跟印地语的区别在于：前者用波斯-阿拉伯文字母书写，而后者用梵文字母书写，乌尔都语有许多从阿拉伯语和波斯语借用的词语，而印地语保留了较老的印度词。转引自满在江、谢妍、艾佳：《巴基斯坦的语言与民族关系探析》，《徐州师范大学学报（哲学社会科学版）》，2011年第3期。

③ 傅小强：《巴基斯坦民族宗教概况》，《国际研究参考》2003年第2期。

④ 傅小强：《阿富汗民族宗教概况》，《国际资料信息》2002年第12期。

3.塔吉克斯坦及其语言文化。塔吉克斯坦位于中亚东南部，东与我国新疆相连，开放有阔勒买口岸（中国称卡拉苏口岸），南接阿富汗，西邻乌兹别克斯坦，北与吉尔吉斯共和国接壤。国土面积 14.31 万平方千米，山地面积约占国土面积的 93%。其北部山脉属天山山系，中部属吉萨尔－阿尔泰山系，东南部为帕米尔高原，北部是费尔干纳盆地的西缘，西南部有吉萨尔谷地、瓦赫什谷地和喷赤谷地等。主要河流有锡尔河、阿姆河、瓦赫什河、泽拉夫善河和菲尔尼甘河等，湖泊多分布在帕米尔高原。国内主要民族有塔吉克族、乌兹别克族和俄罗斯族，此外，还有鞑靼、吉尔吉斯、土库曼、哈萨克、乌克兰、白俄罗斯、亚美尼亚等民族。塔吉克语为国语，俄语为族际交流语言。塔吉克斯坦于 1928 年弃用阿拉伯－波斯字母而改用拉丁字母，后来又改用一套改进的西里尔字母。其居民大多信奉伊斯兰教逊尼派，帕米尔高原一带信奉什叶派，少数居民信奉东正教、犹太教、巴哈教等世界性宗教。[①]

塔吉克族主要生活在塔吉克斯坦的中部和东部，除首都杜尚别外，还分布在苏尔霍布河谷、喷赤河北岸、克孜勒苏河和亚赫苏河上游地区，塔吉克族操塔吉克语。乌兹别克族是塔吉克斯坦人口第二大民族，主要分布在哈特隆州和列宁纳巴德州等地。鞑靼族主要居住在列宁纳巴德州和哈特隆州等地。俄罗斯族主要聚居在杜尚别、苦盏、努列克、加里宁纳巴德、奇卡洛夫斯克等大中城市。

第二节 塔吉克语与周边语言的关系

一、塔吉克语与周边语言接触原因和条件概述

塔县处于我国古代陆上丝绸之路南线的枢纽地带，由于其地理位置的特殊性，在历史发展过程中，塔吉克语与周边语言发生了广泛的接触，在接触过程中不同语言之间既有吸收和借用，也有竞争和矛盾。其中既有政治和经济原因，也与塔吉克族聚居区的地理位置、交通条件密切相关，多元文化的交流促进塔吉克语的演化。

（一）古丝绸陆路交通枢纽的地位是形成语言接触的根本条件

帕米尔高原自古以来就是我国陆上丝绸之路的交通要道，对古代东西方政治、经济和文化的交流与传播起着重要作用。汉唐以来，陆上丝绸之路穿过帕米

---

①许涛:《〈中国周边民族宗教概况〉专题之三塔吉克斯坦民族宗教概况》,《国际资料信息》2002 年第 9 期。

尔高原直达大月氏、康居、安息等国和黑海沿岸。海上丝绸之路开通前，这条通道一直非常繁忙。塔吉克族聚居区处于陆上丝绸之路南道的必经之地。

（二）政治经济的发展为塔吉克语与周边语言接触创造更多机会

德国语言学家赫尔曼·保罗在其《语言史原理》中提到了语言混合的具体过程和结果，"因使用两种语言而产生互相影响时，群体的势力起着决定性的作用。一个民族如果在政治势力、经济势力和精神势力等方面优越于其他民族，那么这个民族的语言就会逐渐地适用于广泛的范围内"。[1]

位于帕米尔高原的塔吉克族聚居区原是西汉时西域三十六国的蒲犁、依耐、西夜等地。这里东汉时被称为德若，魏晋时期属于疏勒管辖，北魏至唐时期称其为竭盘陀，中央王朝在这里设置葱岭守捉，宋元时期属于于阗。明朝时归叶尔羌汗国管辖，清朝时把柯尔克孜族和塔吉克族都称为布鲁特。清光绪二十八年（1902 年），设立蒲犁分防通判厅，隶属莎车府。民国时期，蒲犁厅改为蒲犁县，隶属于喀什噶尔道。中华人民共和国成立后于 1950 年成立了塔什库尔干县，1954 年实行民族区域自治，成立了塔什库尔干塔吉克自治县。[2] 塔县是以塔吉克族为主体的少数民族自治县。

在这一历史过程中，由于陆上丝绸之路的繁华，晋朝时塔吉克族的社会生活发生了改变，开始从游牧民族向农耕民族过渡；唐朝时竭盘陀国社会繁荣，竭盘陀人开始有自己的文字，皈依佛教。其社会经济文化得到空前发展，手工业和农业都有很大发展。王国的存在密切了葱岭各部和中原地区的关系，但在唐开元年间竭盘陀国国王归降吐蕃，塔吉克族开始受到吐蕃势力的控制。

宋元时期，中亚地区先后历经塔希尔王朝、萨法尔王朝和萨曼王朝的统治。萨曼王朝时塔吉克族形成，并产生了统一的达里语。这一时期塔吉克族的文化和文学艺术对周边民族产生了深刻影响。

蒙古人征服中亚后，塔吉克族聚居区归属察合台汗国。明朝归属于叶尔羌塞伊迪亚汗国。清王朝在塔吉克族聚居区设立色勒库尔回庄，受叶尔羌办事大臣管辖。色勒库尔回庄辖区包括塔县、阿克陶县塔尔塔吉克族乡等部分地区，还辖有西帕米尔的柯尔克孜族聚居区，促进了塔吉克族和兄弟民族关系的发展。

民国时期，塔吉克族的生产生活条件依然恶劣，当地居民大多是文盲，只有极少数人在宗教学校读书认字。民国二十五年（1936 年）蒲犁县成立了一所小学，由于教材和师资缺乏，学校统一使用维吾尔语教材。因此，这一时期接受教

---

[1] 张兴权：《接触语言学》，商务印书馆，2012，第 20 页。
[2] 于维诚：《新疆建制沿革与地名研究》，新疆人民出版社，1986，第 100–101 页。

育的大多数塔吉克族人民书面使用维吾尔语，塔吉克语只在口语中使用。[①]

中华人民共和国成立后，社会各项事业得到发展，但由于交通不便，环境恶劣，塔吉克族生活的地区与外界的交往和联系不是很紧密。双语教学也受到各方面条件制约，发展相当缓慢。直到 20 世纪 90 年代，汉语学习才逐步推广。[②]

（三）宗教文化交流为塔吉克语内容的丰富和定型创造机会

在古代社会，宗教文化在社会文化中占据很大比重，具有极高的地位。因而，语言中留下了大量宗教观念和文化信息。

塔吉克族自古以来有过多种宗教信仰，既有原始自然崇拜，也信仰琐罗亚斯德教、佛教和伊斯兰教。在各种宗教信仰势力此消彼长、相互斗争和融合的过程中，世俗文化与宗教文化浸润在塔吉克族的日常生活中，成为现代塔吉克族生活习俗的一部分。

宋元时期是塔吉克族历史上发生巨变的时代，塔吉克族被阿拉伯人征服，开始接受伊斯兰教。伊斯兰文化的进入对这一时期塔吉克族的文化和文学艺术产生了深刻影响，大量阿拉伯语词汇进入塔吉克语。

古往今来，塔什库尔干地区不仅是一个政治经济交流频繁的地方，也是文化交流特别繁盛的区域。东西方文明和不同的宗教文化汇聚于此，不同肤色的人种和操不同语言的民族在这里交融，形成如今塔吉克族聚居区的民族分布格局。如前所述，在这块土地上，不仅生活着来自中原地区、中亚地区和蒙古草原的移民群体，也有世居在这里的居民。这些民族的语言分属印欧语系、阿尔泰语系和汉藏语系，因此，这里语言的接触、冲突与融合从未停止过。塔吉克语最初受塞语、吐火罗语、粟特语的影响，随着政治变迁、经济影响和宗教影响，塔吉克语又受到突厥语族柯尔克孜语和维吾尔语影响，才稳定形成。今天，经济文化开放程度日益提高，塔吉克语与维吾尔语和汉语接触日渐频繁。但因其没有形成统一的书面文字符号，塔吉克语在塔什库尔干地区依然处于弱势语言的地位，在语言竞争中也一直处于劣势，所以现代塔吉克语的保存与发展仍是需要关注的问题。在这样的大背景下，塔吉克语与周边语言的接触，随着语言竞争形势和国家语言政策的变化而发生改变。

[①] 西仁·库尔班、阿布都许库尔·肉孜、高雪：《中国塔吉克族》，宁夏人民出版社，2012，第 14—29 页。

[②] 周珊：《中国塔吉克族语言教育选择历史与现状调查》，《民族教育研究》2011 年第 3 期。

二、塔吉克语与周边语言接触的演变类型

从以上论述可以看到，在塔吉克族生活地区，塔吉克族在历史上与汉、维吾尔、柯尔克孜等民族相邻或者相聚而居，其社会生活和生产活动接触频繁，从而产生语言接触。在语言接触过程中，产生了不同的接触类型和现象，根据这些不同的结果及现象，可以将塔吉克语与周边语言的接触类型划分为语言借用、双语或多语兼用、双言并用和语言转用四种情况。

（一）语言借用

语言借用根据其借入内容分为语音借用、词汇借用和语法借用。一般来说，语法和基本词汇在语言中相对比较稳固，借用比较少，而一般词汇和语音的借用比较常见。德国语言学家赫尔曼·保罗在论述借用外来词的内因时指出："其动机在于必要性，借用的是本民族语里没有表示同样概念的名称；最多的是地名和人名，其次是从国外输入的产品名称；在吸收工艺、技术、学术、宗教、政治等概念的同时，吸收外来词。"[1] 塔吉克语与周边语言的接触频繁而广泛，加上受到多元宗教文化的熏陶，尤其是伊斯兰教的影响，借用现象比较常见，词汇中也比较多见。受不同历史背景的影响，塔吉克语早期借词主要来自波斯语、阿拉伯语、英语、俄语、法语以及突厥语等，近代借词主要来自维吾尔语和汉语。

（二）双语或多语兼用

双语或多语兼用是指某个人或者某个集团中的多数人或者一部分人根据语境和交际的需要，交替使用两种或者三种以上的语言，以实现相互交流的言语能力。对于不同的语言使用主体对象，双语或多语内涵会有差异。对多民族国家的主体民族来说，其内涵表现为主体民族母语和外语或者少数民族语言，但是对于少数民族来说，双语或多语内涵又表现为其母语和主体民族语言或者其他接触密切的少数民族语言。因此，对主体民族而言，双语或多语教育和使用是面向国内或者国外的，而少数民族的双语教育和使用则是面向本民族或者其他民族。[2] 根据所处的地理位置和社会经济发展状况，塔吉克族作为我国的少数民族，其双语或多语状况与帕米尔高原塔什库尔干地区的民族语言使用情况息息相关。在这个区域中，生活着塔吉克族、汉族、维吾尔族、柯尔克孜族等，使用的语言有塔吉克语、汉语、维吾尔语、柯尔克孜语等。鉴于这样的语言生态环境，本研究从 2013 年开始连续对塔县语言使用情况进行多次问卷和访谈调查。调查采取随

---

① 张兴权：《接触语言学》，商务印书馆，2012，第 20 页。
② 张兴权：《接触语言学》，商务印书馆，2012，第 155 页。

机抽样方式进行，受一些因素限制，部分问卷无效。去除无效问卷后，在调查的208个样本中，最年幼的7岁，最年长的80岁，中年、青少年占多数。年龄分布情况较好地反映了塔吉克族语言使用的年龄主体，以社会活动较为活跃的青少年为主（图4-1）。受访者涉及教师、学生、农牧民、公务员、医生、服务员和自由职业者。从年龄和职业分布情况来看，这次调查较客观真实地反映了语言使用主体的社会分布特征。

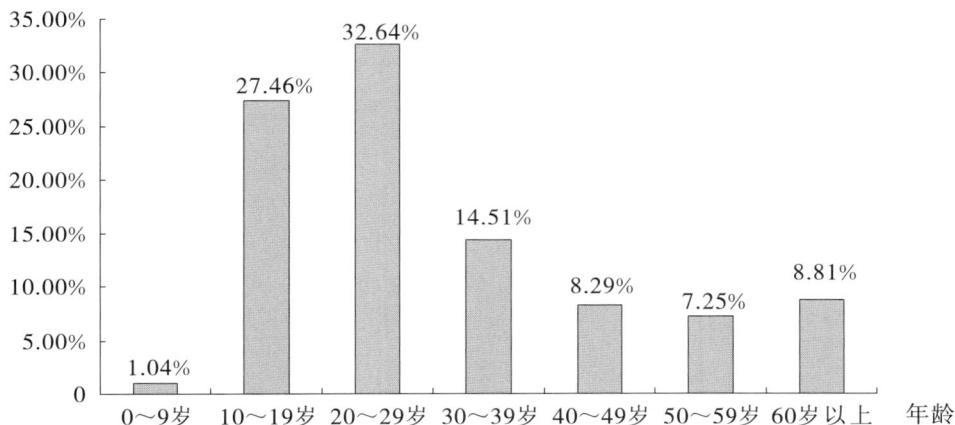

图 4-1　塔县语言使用情况的调查对象年龄分布情况

当被问及"您现在能用哪些语言与人交谈？"时，被调查者的回答情况如图4-2所示。在本章的图表中，塔即塔吉克语（包括瓦罕塔吉克语），维即维吾尔语，汉即汉语，柯即柯尔克孜语。

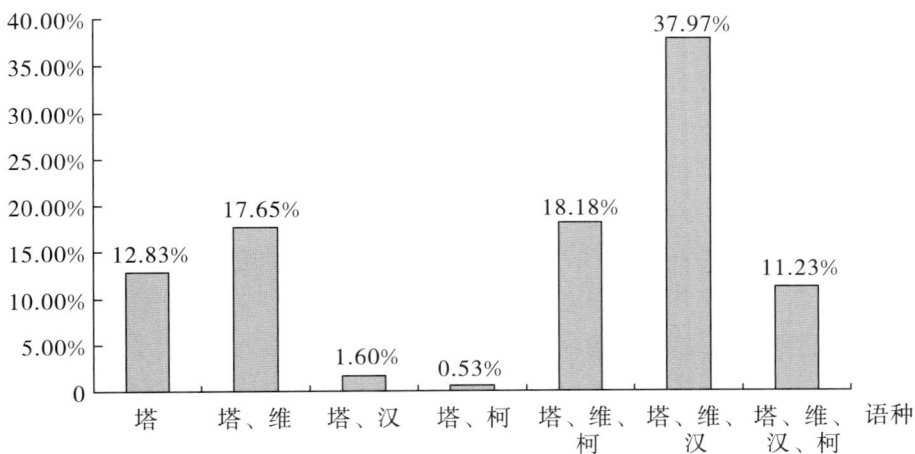

图 4-2　塔吉克族使用语种占比情况

通过图4-2可以看到，塔吉克族群众中双语或者多语使用现象比较普遍，在受访者中，使用单一的塔吉克族母语的单语人仅占12.83%，其他均为能够使用塔吉克族母语和至少一种以上的接触语言。其中掌握塔吉克语、维吾尔语双语和塔吉克语、汉语双语以及塔吉克语、柯尔克孜语双语的受访者分别占85.03%、50.80%、29.94%；掌握塔吉克语、维吾尔语、汉语三种语言和塔吉克语、维吾尔语、柯尔克孜语三种语言以及上述四种语言都掌握的受访者分别占49.20%、29.41%和11.23%。根据这一情况，下文将围绕普遍存在的塔吉克语和维吾尔语兼用、塔吉克语、汉语（国家通用语为汉语）、维吾尔语兼用以及塔吉克语、汉语、维吾尔语、柯尔克孜语兼用这三种语言兼用现象，分别分析塔吉克族的双语和多语现象，并阐述其产生的原因。

1. 塔吉克语和维吾尔语兼用。塔县位于喀什地区东南部，历史上与维吾尔族生活区域往来密切，但这种语言接触只在小范围内发生，并不是普遍现象。由于没有正规的学校教育，塔吉克族群众无法从书面途径实现语言接触。这种情况持续到20世纪30年代后期才发生改变，1936年，当时的蒲犁县在政府的支持下正式建立小学，开展国民教育。由于条件限制，学校教学采用维吾尔语教材和维吾尔语授课，从此拉开塔吉克语与维吾尔语深入接触的大幕。自此，受过学校教育的塔吉克族群众逐渐成为使用塔吉克语和维吾尔语的双语人，在他们的影响下，未受过学校教育的塔吉克族群众也在这个过程中与维吾尔语发生亲密接触。

2. 塔吉克语和汉语、维吾尔语兼用。塔吉克族自建立正规的学校教育以来，一直使用维吾尔文教材，这种状况持续到1984年以后，新疆维吾尔自治区人民政府提出少数民族学生从小学三年级起开设汉语（国家通用语）课，塔吉克族学生才开始接触汉语教学，但因为当时的师资状况很差，效果不明显。1992年自治区人民政府开始在少数民族中学推行一部分课程使用汉语教学的实验。从此，塔吉克族的语言生活中增添了汉语。从2002年开始，塔县启动"民汉合校"工程，并陆续开办"双语实验班"。为进一步提高塔吉克族学生教育水平，2008年塔县又将"初小前在乡镇办，高小和初中在县城办，高中在喀什市办"的工作思路贯彻到教育规划中。[①]这切实提高了塔吉克族学生的学业水平和竞争力，同时也增加了塔吉克族母语和周边语言进一步接触的机会，形成了塔吉克族群众在政府、学校等场合主要使用维吾尔语、汉语交流，在日常生活中使用塔吉克语交流的局面。在对塔县塔吉克族进行调查时发现，多数塔吉克族均属于此种情况。

3. 塔吉克语和维吾尔语、汉语、柯尔克孜语兼用。受到聚居区域因素影响，

---

① 周珊：《中国塔吉克族语言教育选择历史与现状调查》，《民族教育研究》2011年第3期。

四种语言兼用的情况主要出现在原居或现居于塔县塔合曼乡的塔吉克族群众中。塔合曼乡位于县城北部，距县城 32 千米，居民以塔吉克族为主，还有柯尔克孜族、维吾尔族和汉族。其东部山峰谷地交错；南部隔提孜那甫乡与县城相邻；西部与塔吉克斯坦接壤，有卡拉苏口岸相通；北部紧挨科克亚尔柯尔克孜族乡。正是这样的地理位置促使塔吉克族与北部的柯尔克孜族交流频繁，因此，居住在此地的塔吉克族除了在学校和生活中习得维吾尔语和汉语，还通过社会交往习得柯尔克孜语。另外，在图 4-2 中有 0.53% 的塔吉克族仅使用塔吉克语和柯尔克孜语，这部分主要是没有受过学校教育的老年受访者。

（三）双言并用

双言现象是美国的语言学家查尔斯·弗格森（Charles A. Ferguson）提出来的。弗格森认为"双方言现象是一种比较稳定的语言状况，其中除了重要方言以外"，[1] 还有变体。张兴权据弗格森的观点认为，双言是指在某一个语言社会里具有不同社会功能的同一种语言的两种变体分别在不同的语言环境下所使用的情况。双言或双方言的特点在于它们是同一种语言的两种变体，分别以不同的功能而使用于不同的场合。[2]

塔吉克族的双言并用指的是色勒库尔塔吉克语和瓦罕塔吉克语的并用，大部分塔吉克族都说色勒库尔塔吉克语，只有居住在塔县达布达尔乡的居民和少数居住在塔什库尔干乡瓦尔希迭村的塔吉克族使用瓦罕塔吉克语，形成了瓦罕塔吉克语方言岛。色勒库尔塔吉克语与瓦罕塔吉克语的主要差别在语音上，瓦罕塔吉克语多出 6 个舌尖后卷舌辅音即［ʈ］、［ɖ］、［ʂ］、［ʐ］、［tʂ］、［dʐ］和央元音［ə］，少了次高展唇元音［e］。在受访的塔吉克族母语使用者中，双言并用的受访者占到 33.52%，所占比例比较高（图 4-3）。但由于塔吉克语没有书面文字，没有学校母语教育，因此这部分双言使用者主要是在社会交往中习得方言母语之外的标准语或者方言。需要注意的是，在这部分的双言使用者中，有三分之一的人的母语方言主要是瓦罕塔吉克语，这除了方言本身的特点，与语言使用人口数也有关系，操瓦罕塔吉克语的塔吉克族大约有 1 万人（2005 年数据）。[3] 方言使用范围受到社会生活主体语言和方言使用的制约。

① 张兴权：《接触语言学》，商务印书馆，2012，第 178 页。
② 张兴权：《接触语言学》，商务印书馆，2012，第 179-180 页。
③ 新疆维吾尔自治区地方志编纂委员会、《新疆通志·语言文字志》编纂委员会编《新疆通志第 76 卷·语言文字志》，新疆人民出版社，2009，第 236 页。

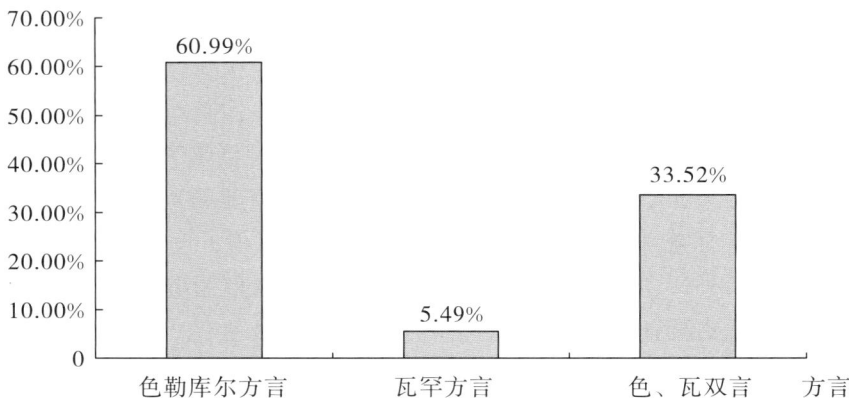

图 4-3　塔吉克族母语使用情况

（四）语言转用

"语言转用是指一个民族或一个民族的部分人放弃使用自己的母语而转用另一语言的现象。语言转用又称'语言替换''语言替代'。语言转用也是由语言接触引起的，是语言使用功能的一种变化。"① 语言转用根据范围的大小可以概括为四种类型：个别语言转用、局部语言转用、主体语言转用和整体语言转用。在调查中，通过对塔吉克族语言生活的观察分析，发现塔县内的塔吉克族语言转用情况主要属于局部转用，在 208 名塔吉克族受访者中，发生语言转用现象的有16 位，占受访者总人数的 7.69%，发生转用的主要是从小离开家乡去喀什求学或者居住在与邻近语言交界区域的塔吉克族。如居住在毗邻已完全转用维吾尔语的克州阿克陶县塔尔塔吉克族乡的塔县库科西鲁格乡的受访者中仅有几位会说塔吉克语，而这几位能说塔吉克语的受访者也是在上学或者工作后与塔吉克族接触或者主动学习母语而习得的；塔县外的塔吉克族民族乡，如和田地区皮山县，喀什地区泽普县、叶城县和莎车县，及克州阿克陶县等地的塔吉克族基本已经转用维吾尔语。在这些民族乡周围居住的都是操维吾尔语的民族，居住在这里的塔吉克族接受的学校教育也主要是维吾尔语或维汉双语教育，因此语言已经完全转用，塔吉克语和维吾尔语兼用的演化阶段早已完成。正如语言学家契科巴瓦在论述语言转用形成过程时指出的："接触的各语言不是处在同等条件下，因为它们之间总有一方因为具有政治地位或人数的优势，或因为该语言的使用者具有较高的文化水平（也可能这些因素都具备）等先决条件而带有优越性。相应的语言由于这一优越性就处于优势和强势地位，作为交际和交流思想的工具。另一语言的使用

---

① 张兴权：《接触语言学》，商务印书馆，2012，第 183 页。

者被迫学习统治的语言，因此就逐渐变成讲两种语言的人。双重语言制一代传一代，于是本族语言运用的范围逐渐狭窄起来。最后，它从自己的最后堡垒——家庭（因为通常家庭中妇女是被排挤的语言传统的最忠实的保存者）中被排挤出去，那时单一语言制就代替了双重语言制。"[1] 上述塔吉克族聚居区的语言转用事实上就是在这样的过程中实现的。

第三节　塔吉克族分布地区多语使用的不对等性

一、塔吉克族分布地区的多语使用现状调查

（一）塔吉克族分布地区使用语言调查

据 2011 年统计，塔吉克族聚居的喀什地区主要分布着塔吉克族、维吾尔族、汉族、柯尔克孜族、回族、哈萨克族、蒙古族、满族、锡伯族等。其中维吾尔族占地区总人口的 88.50%，汉族占 5.62%，柯尔克孜族占 2.79%，塔吉克族占 2.64%，其他民族占 0.45%。而在塔县境内，塔吉克族占塔县总人口的 82%，汉族、柯尔克孜族、维吾尔族和其他少数民族分别占 6.71%、5.74%、5.34% 和 0.22%。无论是塔吉克族分布地区的语言大环境还是塔县语言的小区域，维吾尔语、汉语、塔吉克语、柯尔克孜语等语言在社会语言生活中都占据着优势地位。那么在这样的多语环境中，不同语言的生态位是否一样呢？本研究在田野调查中获得了一些具有说服力的数据。

为了解聚居在塔县的塔吉克族的多语生活状况，此次调查选取不同性别、不同年龄段、不同职业和教育背景的受访者 200 余名，以问卷形式从受访者个体对生活中多语生活的了解程度、掌握程度以及受访者个体具体的多语生活状况等方面进行。通过调查，获取聚居的塔吉克族具体的多语生活情况，并通过其语言生活反映不同语言在塔吉克族语言个体社会生活中的地位。

当被问及"您的家乡当地生活中使用的最主要的语言或方言是什么？"时，受访者由于生活环境的不同，其回答虽然有差异，但较为全面地描述了这一地区的主要语言，可以看出，几乎所有的被访对象在生活中使用较多的仍然是塔吉克族母语塔吉克语[2]，维吾尔语和汉语次之（表 4-4）。

---

[1] 张兴权：《接触语言学》，商务印书馆，2012，第 188 页。
[2] 此处包括色勒库尔塔吉克语和瓦罕塔吉克语，以下提到塔吉克语均为此种情况。

表4-4　塔吉克族社会生活中语言使用情况调查表

语种	塔	维	塔、维	塔、柯	塔、维、汉	塔、维、柯	塔、汉	汉	维、汉	塔、维、柯、汉	合计
人数	165人	26人	4人	3人	3人	2人	1人	1人	1人	1人	207人
占比	79.71%	12.56%	1.93%	1.45%	1.45%	0.97%	0.48%	0.48%	0.48%	0.48%	100.00%

在被问及"您家乡周边地区主要使用的语言或方言是什么？"时，受访者的回答和上一个问题基本一致，仍然是塔吉克语、维吾尔语、汉语和柯尔克孜语，但占比有所改变。所列条目中选择维吾尔语的受访者增多。这和整个塔吉克族分布地区语言生活的客观状况比较接近，也可以描绘出塔吉克族聚居区的语言生态概貌（表4-5）。

表4-5　塔吉克族对周边语言使用了解情况调查表

语种	塔	塔、维、柯	维	塔、维、汉、柯	塔、维	塔、柯	塔、维、汉	汉	维、汉	塔、汉	合计
人数	122人	22人	17人	15人	9人	9人	6人	3人	3人	1人	207人
占比	58.94%	10.63%	8.21%	7.25%	4.35%	4.35%	2.90%	1.45%	1.45%	0.48%	100.00%

在对"您小时候（上学读书以前）先学会什么语言？"这个问题进行调查时，了解到的情况如下：选择塔吉克语的所占比重较大，说明大部分塔吉克族对塔吉克语的传承在学前进行，家庭教育中母语的传承依然起着重要作用。但也有21.36%的塔吉克族受访者先学会维吾尔语，其所占比例也比较高，说明这部分塔吉克人家庭语言发生转用或者对维吾尔语更熟悉。而柯尔克孜语和汉语主要是在社会交往或者学校教育中习得（表4-6）。

表4-6　塔吉克族学前语言习得情况调查表

语种	塔	维	柯	塔、维	塔、柯	塔、汉	塔、维、柯	塔、维、柯、汉	合计
人数	142人	44人	10人	4人	3人	1人	1人	1人	206人
占比	68.93%	21.36%	4.85%	1.94%	1.46%	0.49%	0.49%	0.49%	100.00%

当被问及"您上小学时，老师用什么语言讲课？"时，多语使用情况发生了明显变化。维吾尔语授课在小学阶段占比较大，汉语授课占比也明显增加（表4-7）。

表4-7　塔吉克族小学阶段学校授课语言使用情况调查表

语种	维	汉	塔	塔、维	塔、汉	塔、维、汉	塔、维、柯	合计
人数	120人	42人	18人	7人	2人	1人	1人	191人
占比	62.83%	21.99%	9.42%	3.66%	1.05%	0.52%	0.52%	100.00%

　　结合这些情况变化，又对"塔吉克族所掌握的语言和对这些语言的熟练程度"进行调查。发现在"最熟悉的语言"中，受访者选择维吾尔语的最多，选择汉语的人也有半数，而选择母语塔吉克语的只有20人；"在很熟悉的语言"中，选择汉语的接近半数，选择维吾尔语的因前一特征区间人数较多，而在这一层级人数减少，选择塔吉克语的人数更少；在"比较熟悉的语言"区间，选择各语言的人数差别不大（图4-4）。

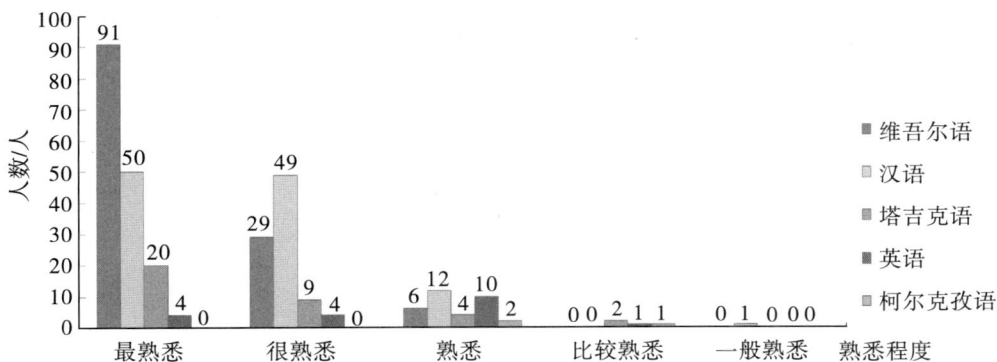

图 4-4　塔吉克族各语种熟悉程度

　　上述语言生活情况，在受访者的媒体语言生活中也得到了印证，不过，由于媒体源只有维吾尔语、汉语和柯尔克孜语三种语言，所以在这一领域内，语言使用情况相对简单。

　　当被问及"您常收看什么语言的电视节目？"时，多数受访者选择了"维吾尔语和柯尔克孜语"，维吾尔语和柯尔克孜语都属于阿尔泰语系突厥语族，文字均以阿拉伯字母为基础，所以理解难度不大，而选择汉语的受访者多集中在公务人员和学生（图4-5）。

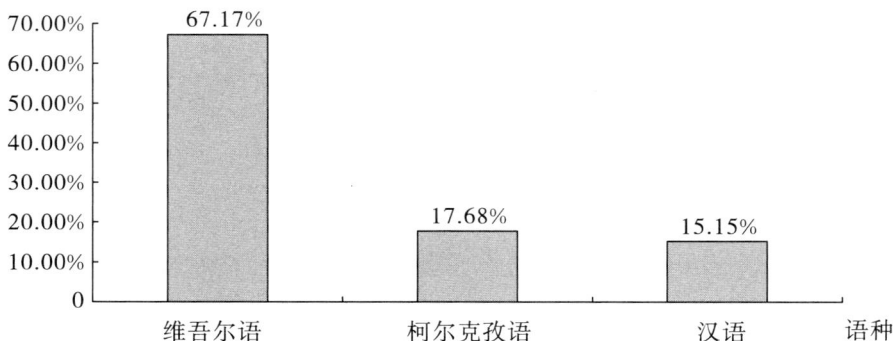

图 4-5　塔吉克族电视节目语言选择情况

受访者对于"您常收听什么语言的广播节目？"的回答比较分散且规律性不强，但大多数还是集中在维吾尔语、汉语和柯尔克孜语，少数选择哈萨克语。其中，比例最大的是维吾尔语，这和媒体特点有很大关系，由于传统媒体没有画面，受访者通常选择收听最熟悉的维吾尔语（图 4-6）。

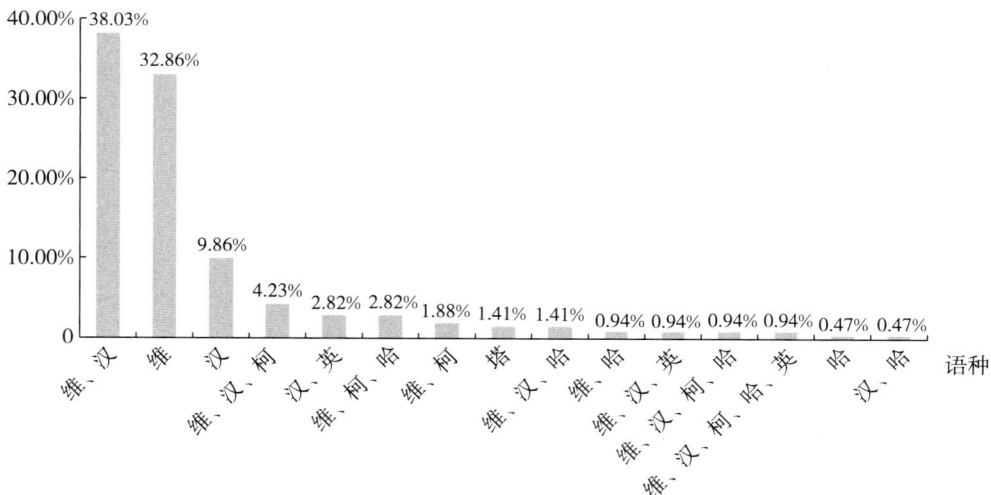

图 4-6　塔吉克族广播收听语言选择情况

而对于"您上网通常看什么语言的网页？"这个问题，受访者的选择情况稍有变化。除了占主体的维吾尔语、汉语和少量的柯尔克孜语，还有部分受访者选择塔吉克语和英语。据了解，网络塔吉克语主要是由不规范的拉丁字母表示的塔吉克语或维吾尔语文字和塔吉克族内容组合而成的塔吉克族音乐，及塔吉克斯坦和巴基斯坦的音乐和 MTV 作品网页（图 4-7）。

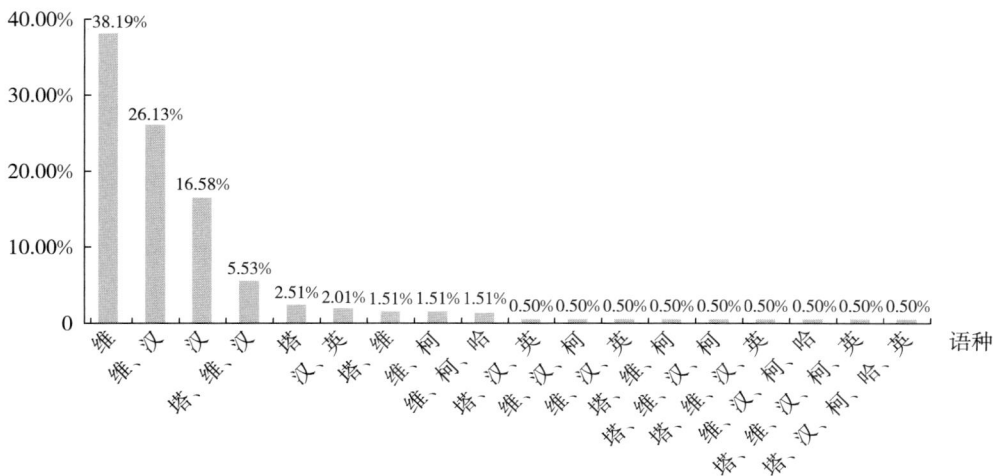

图 4-7　塔吉克族浏览网页语言选择情况

（二）塔吉克族分布地区多语生活的特点

1.塔吉克族多数人属于双语或者多语人。由于历史、地理位置及气候因素，塔吉克族聚居区的塔吉克族主要过着游牧生活，农业经济不是很发达，社会经济发展水平也比较低。这样的生活模式使其难以形成具有较强政治力量的统治集团，在揭盘陀国统治时期，塔吉克族聚居地区的政治力量都比较弱。在不断的归附更迭中，语言的接触和变化也在不断发生。在政治地位不占优势的社会格局中，语言优势更无法获得。而且由于缺少书面文字，塔吉克语自身发展受到很大障碍。现代塔吉克族接受维吾尔语教育后，塔吉克语的发展空间更是进一步被挤压。在这样的背景下，塔吉克族更全面地接触并接受了维吾尔语和汉语。由于生活区域邻近，部分塔吉克族在与柯尔克孜族的交往中习得柯尔克孜语。这些都为塔吉克族成为多语人创造了政治、经济和社会文化条件，也发展成多语化生活的必然趋势。

2.塔吉克族母语在塔吉克族言语生活中具有无可替代的地位。"语言是文化的重要组成部分，是文化的最为重要的载体与根基。"[①]塔吉克语作为塔吉克族文化传承的符号，其地位不可取代，塔吉克语的保持与传承关乎塔吉克族传统文化的传承与发展，关乎塔吉克族优秀文化的创新发展。同时，塔吉克语不仅仅是塔吉克族的交际工具和文化载体，它也是我国语言资源库中的重要战略资源，具

---

①李宇明：《珍爱中华语言资源》，载李红杰、马丽雅主编《少数民族语言使用与文化发展：政策和法律的国际比较》，中央民族大学出版社，2008，第138页。

有不可替代性。调查发现，在塔吉克族聚居区的塔吉克族的语言生活中，塔吉克语的使用范围仍然相当广泛，由于这一地区的塔吉克族属于聚居状态，因而塔吉克语的传播和使用没有受到太大的影响。它依然是塔吉克族语言生活中的主要工具，在众多语言交际场域中，各年龄段选择塔吉克语的人占有绝对优势，这也反映出塔吉克族对传承母语的坚定态度和对母语使用的忠诚度。

3. 维吾尔语、汉语在社会交往和书面、媒体生活中的重要功能。古代塔吉克语源于古代塔吉克文学语言的书面语言，但由于缺少正规的学校教育，这种书面语言文字未得到很好的流传，20 世纪 30 年代前也只在经文学校中零星传播用波斯文字书写的塔吉克语。1936 年正规学校教育建立后，由于师资和教材等条件限制，塔吉克语的教学更是被正规的维吾尔语教学所取代，这种状况一直持续到 20 世纪八九十年代维汉双语教学进入塔吉克族地区。此后，塔吉克族的语言生活逐步形成塔吉克语、维吾尔语和汉语共同使用的状态。[①] 由于书面语言文字的缺失，塔吉克语的语言文字产品更是无从谈起。因此塔吉克族聚居区塔吉克族的文化媒体接触几乎完全被维吾尔语替代，塔吉克族学者的著作也都是用维吾尔文书写出版，其官方语言也只能由维吾尔语和汉语充当。但调查中发现，无论是汉语还是维吾尔语的行政公文在多数乡村仍然要依靠口头的塔吉克语进行解释和传达。

二、塔吉克族分布地区多种语言的使用及语言生态位的不对等性

塔县是塔吉克族聚居和多民族杂居区域，在此地区有文字的民族就有维吾尔族、汉族、柯尔克孜族、哈萨克族、蒙古族、锡伯族等，但各民族的人口状况和语言的生态位存在差异。这些差异主要表现在语言文字使用人口、语言的法律地位、文字使用情况、传媒语言选择、教学语言选择等方面，生态位的差异造成不同群体在双语或多语使用上存在着明显的选择不对等性。

首先，从不同民族语码选择的态度上来说，在具有母语能力时，有母语的民族群体在群体内部交际时，首选的是母语。如塔吉克族聚居区的塔吉克族在群体内部交际时选择塔吉克语；其他各民族同样也会选择自己的母语来传递信息。但在族际交流时，会选择这一地区的通用语言。如塔县塔吉克族和维吾尔族会选择维吾尔语进行交流；汉族、其他民族同塔吉克族和维吾尔族交流时会选择汉语。尽管这种交流更多的时候是一种语码混合状态，但这体现出语言本身就具有

---

① 周珊：《中国塔吉克族语言教育选择历史与现状调查》，《民族教育研究》，2011 年第 3 期。20 世纪的语言大调查和文字创制工作在塔吉克族聚居区也曾经开展过，但拉丁文字没有获得广泛支持，这项工作就此停滞。

的工具性价值是人们的首选价值取向。

其次，从语言在生态环境中的生态位来说，每种语言在所处的语言生态中的地位也是有差异的。塔县是塔吉克族自治地方，由于塔吉克语没有文字，在法律上尽管能获得保护，但不具备成为官方通用语言的条件，所以塔县依然使用国家通用语言和地区通用语言维吾尔语作为官方语言文字。这种状况不仅仅存在于政府官方通行的公文中，在从 20 世纪 30 年代开始就采用维吾尔语作为教学语言的学校教育中也可见一斑。21 世纪初，教学语言又正逐步被国家通用语所替代。因此，塔吉克族的社会文化产品也只能是以维吾尔文和国家通用语为载体制作、出版和发行。但在塔吉克族群体内部，塔吉克语的心理地位仍然是很稳固的。[①]

最后，从不同年龄段和地区语言能力上来说也存在着不对等性。由于语言教育的发展水平不同、交通便利程度存在差异，不同地区的人群在语码选择上也存在着差异。如在交通便利的塔县县城，语言的不对等性表现比较突出。但是在塔县的大同乡和马尔洋乡这样交通较为不便的地方，很多塔吉克族群众从未走出过山村，语言生活单一，母语保持状况较好。这些地方塔吉克语的社会通行度要高很多。塔吉克族群众的语言教育经历了三个阶段：母语家庭教育阶段、维吾尔语学校教育阶段、维汉双语教育阶段。教育发展水平的差异造成塔吉克族语言水平的差异。老人们的塔吉克语母语更好，中年人能灵活使用塔吉克语和维吾尔语，青少年则是汉语和维吾尔语更好。这种语言生活状态也势必加剧语言使用人语码选择的不对等性。

综上所述，语码选择时民族人口的分布特征、数量和语言的生态位差异，以及由此导致的不同群体双语或多语使用上的不对等性，是造成民族杂居区语言使用具有层次性特点的主要因素，在考量这些区域居民的语言生活状态和社会语言生态时不能忽视多个层次因素之间的相互关系。

---

① 调查中发现有些乡村由于已经发生语言转用，基本使用维吾尔语，会说塔吉克语的寥寥无几。如阿克陶县塔尔塔吉克族乡阿勒玛勒克村，全村共 225 户 1000 人，以塔吉克族为主，但是全村只有两人能够听懂塔吉克语，县城虽然是杂居，但塔吉克语的水平却是相当不错的。

第五章
塔吉克族母语使用现状调查研究

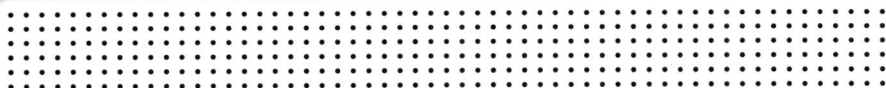

第一节　调查对象描述

一、调查区域的选择

（一）调查区域选取原则

本研究根据调查区域语言生活特征和自然生态、经济社会发展特点，结合文献查阅和访谈，对塔吉克族聚居区进行调查区域的选择。首先从地理位置上考虑，为尽可能地覆盖语言生态区域，在选择调查区域时，从交通便利的中巴公路314国道沿线由北向南选择塔县的塔什库尔干镇、塔合曼乡、达布达尔乡，又选择了东部交通相对不便的库科西鲁格乡及阿克陶县塔尔塔吉克族乡。考虑到每个区域语言接触和方言的不同，其中塔什库尔干镇是塔县人民政府所在地，语言生活状况多样化且接触现象复杂，多语现象普遍；塔合曼乡与科克亚尔柯尔克孜族乡相连，与柯尔克孜语接触频繁；达布达尔乡是瓦罕塔吉克语区；库科西鲁格乡与维吾尔语言区的阿克陶县相连，部分转用维吾尔语；塔尔塔吉克族乡处于阿克陶县，完全转用维吾尔语。

（二）调查点概况

1.塔什库尔干镇。塔什库尔干镇位于塔县县城内，该镇自西汉以来就是管辖塔县的军政机关的驻地，是古代陆上丝绸之路的要塞，也是中巴公路上的重要枢纽。塔什库尔干镇是塔县政治、经济、文化、交通的中心，也是商品物资的集散地。据塔县人民政府信息网2009年公布的数据，全镇共有居民1207户5464人，其中，塔吉克族2632人，约占48.17%；汉族530人，占9.70%；维吾尔族1847人，占33.80%；柯尔克孜族443人，占8.11%；其他民族12人，占0.22%。

2.塔合曼乡。塔合曼乡位于县城以北，314国道沿线，西与塔吉克斯坦相连，有卡拉苏口岸相通。北与科克亚尔柯尔克孜族乡相接，南与提孜那甫乡相接，辖区内多山壑。据塔县人民政府信息网公布的数据，截至2004年底，全乡居民共有553户2756人，其中塔吉克族2648人，占全乡总人口的96.08%，操塔吉克语的西部土语。其他为柯尔克孜族、汉族、维吾尔族。

3.达布达尔乡。达布达尔乡地处塔县南部，东与马尔洋乡相邻，西北连塔什库尔干乡，东南接叶城县，南与巴基斯坦交界。据塔县人民政府信息网2009年公布的数据，达布达尔乡共有居民416户2651人，其中塔吉克族2291人，操瓦罕塔吉克语。辖区内阿特加依里村有柯尔克孜族352人，另有维吾尔族2人、汉族 6 人。

4. 库科西鲁格乡。库科西鲁格乡位于塔县县城东南 80 千米处，西邻瓦恰乡、班迪尔乡，东与克州阿克陶县恰尔隆镇、塔尔塔吉克族乡接壤。据塔县人民政府信息网 2009 年公布的数据，全乡居民共 350 户 1619 人，其中塔吉克族 1589 人，占全乡总人口的 98.15%，该地区居民的维吾尔语水平好于塔吉克语。

5. 克州阿克陶县塔尔塔吉克族乡。塔尔塔吉克族乡位于阿克陶县南部，北与阿克陶县恰尔隆镇相连，西南与塔县库科西鲁格乡相接。据阿克陶县人民政府信息网 2012 年公布的数据，全乡居民共 1127 户 4891 人，均为塔吉克族，但都已经转用维吾尔语，在调查的阿勒玛勒克村仅有 2 人能勉强听懂塔吉克语。

二、调查对象的选择和描述

（一）调查对象选择的原则

1. 在调查地域选择样本。在调查对象的选择上，基本采取入户调查的方式，选取上述调查点的某个村进行调查。

2. 调查对象具有代表性。调查时间选在暑期这一时节，农牧民开始储备饲草，收获果、麦，学生放假在家务农。因而家庭中的老年、中年、青少年样本基本都能涉及。同时，性别比例比较平衡。职业上尽量兼顾塔吉克族聚居区各种职业情况，样本覆盖面广。

3. 调查方法合理可行。方便抽样问卷调查结合分层随机抽样重点访谈的方法能较真实、全面地反映语言使用状况，一对一的问卷调查形式能体现答案的统一原则和真实可靠性。

4. 样本数量具有科学性。在有限的时间内做到最大量的抽样数，有效问卷样本达到 208 份，重点访谈对象 10 余位，问卷访谈对象包括学生、社会青年、农牧民、教师、翻译人员、本民族学者和政府工作人员等。

（二）调查方法的选择

1. 方便抽样问卷调查。即"能找到谁就用谁"的方式，在调查点采取方便抽样的方式能在调查的单位时间内增加样本数量。对整体语言态度、语言使用状况等问题的调查比较有效，但对更深层次问题的调查，如组间差别等则较为困难，样本说服力有所下降。

2. 分层随机抽样重点访谈。对调查样本进行初步分组，然后再随机抽样，使各组间控制样本比例相同或相近。

（三）调查对象的概况

1.调查对象的性别和年龄情况。如图 5-1 所示，被访对象以社会活动较为活跃的青少年为主，能够反映出语言使用现状。

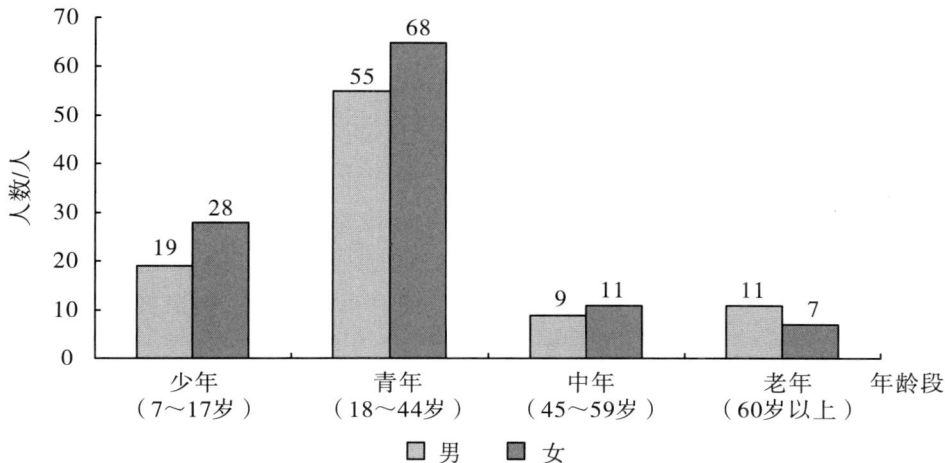

图 5-1　调查样本性别、年龄分布状况 [①]

2.调查对象的职业状况。如图 5-2 所示，塔吉克族社会经济以畜牧业为主，农业为辅，社会主要人群基本从事农牧业，被访对象中各行业从业人员的状况也反映出整个塔吉克族社会人群的职业分布状况。

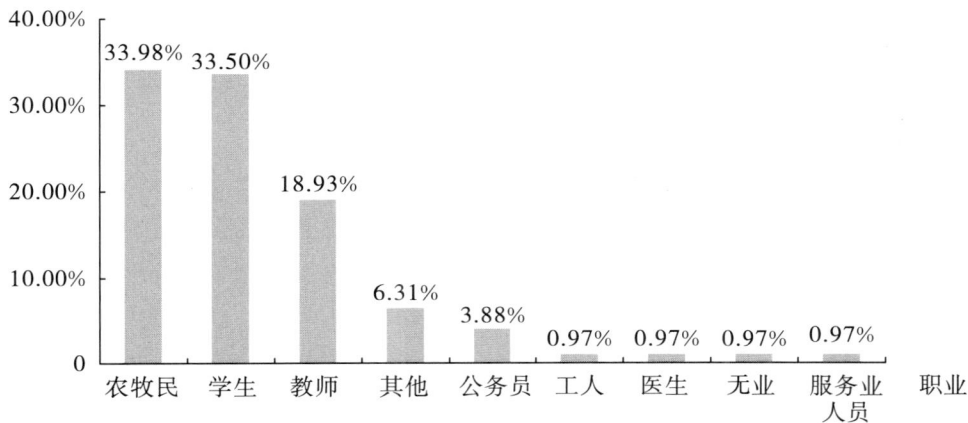

图 5-2　调查样本职业分布状况

3.调查对象的受教育状况。塔吉克族正规的现代学校教育始于 20 世纪 30 年代，整体受教育水平受到很大限制。在受访对象中，他们的受教育水平与所受

---

① 根据联合国世界卫生组织的年龄段划分标准。

教育层次分布较为均衡，保证了调查内容的科学性（图 5-3）。

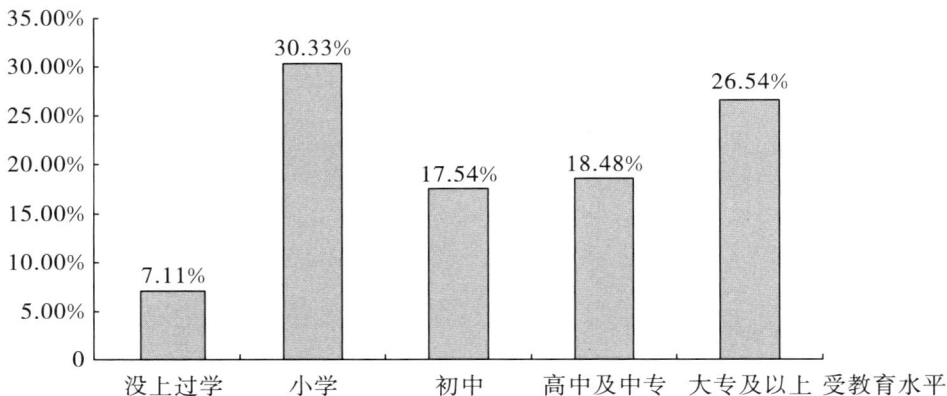

图 5-3　调查样本的受教育水平分布状况

第二节　塔吉克族母语使用现状调查

一、语言态度调查

语言态度是人们对某一具体语言的看法，是对这一语言的价值的认识和估价。一个民族的语言态度，决定他们对使用语言的认识，对语言存在与发展的认识，制约着对母语的态度以及对所使用的文字的态度。语言态度的形成和发展受到内部和外部因素的制约，外部因素如地理环境、民族人口比例、社会经济、心理、文化教育、婚姻家庭等；内部因素如语言的交际功能等。各民族社会经历、发展状况不同，语言态度也存在一定差别。[①]

塔吉克族的语言态度表现为塔吉克族对母语或其他语言的社会认同与情感态度、学习和使用语言的目的和动机，以及在使用语言过程中的行为倾向等。简而言之，即在多语社会中的塔吉克族对语言生活中某一语言、文字的社会价值的认识、评价和倾向。本研究主要讨论塔吉克族的母语态度，从塔吉克族对母语的认知、情感以及对母语的意志三个方面对塔吉克族母语的生态状况进行考察。

（一）塔吉克族对母语塔吉克语的认知

认知是人们获得和应用知识的过程，我国塔吉克族对母语的认知是塔吉克

---

① 戴庆厦、陈卫东：《论普米族的语言观念》，《云南民族学院学报（哲学社会科学版）》，1993 年第 4 期。

族对塔吉克语的掌握和使用情况。由于缺少书面文字系统，塔吉克语的认知在这里主要表现为塔吉克族母语的听说能力以及对塔吉克语方言的存在和跨境使用情况的了解。

1.塔吉克族听塔吉克语的能力分布情况。表5–1反映出青少年（7～17岁）阶段的被访者中能够完全听懂塔吉克语的比例在几个年龄区间中相对低一些；处于中青年年龄区间及以上的塔吉克族人母语听力水平普遍较高，且女性的听力水平普遍高于男性，这从侧面证明女性在家庭域母语传承中起到的作用更大；在"完全听不懂"的选项中，中青年及老年的整体比例高于青少年，其比例均接近10%。这主要是因为有一部分受访者生活在语言转用区域，在交通闭塞的情况下很少接触到更复杂的语言环境，缺少后天习得母语的机会，相反青少年由于进入乡镇和县城学校学习，能接触到来自不同地方的塔吉克族和塔吉克语使用者，与母语接触机会增多，增加了后期习得和熟练使用母语的机会。

表5–1　塔吉克族的塔吉克语听力能力调查情况

听力水平	7～17岁		18～44岁		45～59岁		60岁以上	
	男	女	男	女	男	女	男	女
完全能听懂	66.67%	60.71%	67.92%	86.36%	70.00%	90.91%	72.73%	100.00%
大部分能听懂	22.22%	35.71%	16.98%	6.06%	20.00%	0	9.09%	0
基本能听懂	5.56%	0	3.77%	4.55%	0	0	0	0
能听懂日常用语	0	3.57%	1.89%	0	10.00%	0	9.09%	0
基本听不懂	0	0	1.89%	1.52%	0	0	0	0
完全听不懂	5.56%	0	7.55%	1.52%	0	9.09%	9.09%	0

2.塔吉克族说塔吉克语的能力情况。塔吉克族的塔吉克语口语能力与听力能力的表现较为一致。表5–2反映出，处于中青年年龄区间以上的塔吉克族人母语口语能力强于青少年。随着年龄的递增，塔吉克族的塔吉克语口语能力表现出与年龄的正相关趋向，且口语能力的性别差异在60岁以上的年龄段表现显著。其中女性普遍高于男性，这也再次证明女性在母语传承中具有不可替代的地位，但在青少年中则呈现出相反趋势。据相关调查分析，造成语言能力性别差异的主要原因是社会传统对女性的交际约束，以及男女的性格差异形成的交际机会差异，男性普遍好动善交际，而女性普遍矜持少语，导致男女性的语言接触机会多寡不均。

表5-2　塔吉克族的塔吉克语口语能力调查情况

会话水平	7～17岁		18～44岁		45～59岁		60岁以上	
	男	女	男	女	男	女	男	女
能熟练交谈，没有任何障碍	66.67%	57.14%	60.38%	85.94%	66.67%	90.91%	66.67%	100.00%
能熟练交谈，偶尔有障碍	11.11%	32.14%	24.53%	6.25%	22.22%	0	16.67%	0
基本能交谈	16.67%	0	1.89%	4.69%	0	0	0	0
会说日常用语	0	10.71%	3.77%	0	0	0	0	0
基本不会说	0	0	0	0	0	0	0	0
完全不会说	5.56%	0	9.43%	3.13%	11.11%	9.09%	16.67%	0

3. 关于塔吉克语的其他认知。在被问及"您能分清哪些地区说的是色勒库尔塔吉克语，哪些地区是瓦罕塔吉克语吗？"这一问题时，受访者的回答情况见表5-3。这一问题主要了解塔吉克族对母语方言状况的知晓度，调查显示，塔吉克人对塔吉克语方言的熟悉程度随着年龄的增加而加深，60岁以上中老年组则稍有减弱。这一趋势表明由于多语社会发展，一方面，母语方言差异性减小；另一方面，青少年受多语背景的影响，语言融合度提高。

表5-3　塔吉克族对塔吉克语方言使用地区认识情况

方言熟悉程度	年龄段			
	7～17岁	18～44岁	45～59岁	60岁以上
能，很清楚	61.70%	73.77%	90.48%	83.33%
基本可以分清楚	25.53%	18.85%	0	11.11%
不清楚	6.38%	7.38%	9.52%	5.56%
无法回答	6.38%	0	0	0

当被问及"您知道境外哪些地区也说塔吉克语吗？"时，受访者的回答情况表明，知道境外有塔吉克语并交谈过的受访者的数量和比例随着年龄的增长而增加，但中年人（45～59岁）在这一趋势中的比例有所下降，60岁以上选择"很清楚"的受访者比例最多（表5-4）。作为中亚和中国的重要交通要道，塔吉克族聚居区的重要地位没有改变，但由于交通方式变化，过去驼马队的大规模运输形式早已发生根本变化，因此减少了人群间的直接交往，造成语言交流减少。这种趋势随着时间的推移不断加剧，因此，老年人能比青年人接触到更多的境外

操塔吉克语的人，但中年人成长于改革开放前，接触机会也随之减少，而青年人和青少年则因改革开放后的频繁交往而获得了更多与境外语言接触的机会。调查发现，塔吉克族人在县城遇到来自巴基斯坦的商人是很容易的，而且巴基斯坦有长期在中国的打工者，他们主要从事商业和服务业。

表5-4　塔吉克族对境外塔吉克语了解情况

了解程度	年龄段			
	7～17岁	18～44岁	45～59岁	60岁以上
知道，和境外塔吉克人交谈过	38.30%	51.33%	45.45%	56.25%
知道，但没有和境外塔吉克人交谈过	25.53%	18.58%	9.09%	6.25%
听说过，具体不清楚哪些地区	21.28%	12.39%	18.18%	12.50%
不知道，没有听说过	14.89%	15.93%	27.27%	25.00%
无法回答	0	1.77%	0	0

（二）对塔吉克语的情感

语言情感是语言人对语言的一种心理体验，主要表现为语言人的需要和愿望是否得到满足。塔吉克族对母语的情感是塔吉克族对塔吉克语学习和使用过程中的心理体验，主要表现为塔吉克族的语言需要、愿望和观点得到满足的程度。语言情感包括语言美感、语言理智感和语言道德感。学习和使用塔吉克语产生的愉悦感是一种美感，母语情感得到满足是一种理智感，语言自尊是一种道德感。因此，本研究从塔吉克语愉悦感、塔吉克语满足感和塔吉克语自尊感三个方面分析塔吉克族对母语的情感。

1. 母语愉悦感。愉悦感是人们对事物表现出的喜爱、赞美等情感及感受。当被问及"您听到塔吉克语时，心里会感到怎么样？"时，几乎所有的塔吉克族群众（96.17%）都回答了"很亲切、比较亲切"，其喜爱之情溢于言表；觉得"不喜欢、不顺耳"的塔吉克族群众合计不到1%（图5-4）。从数据可看出，塔吉克族对母语表现出的喜爱之情是非常强烈的，其母语情感的愉悦程度很深。

2. 母语满足感。塔吉克族的母语满足感表现为对塔吉克语发展状况的情感体验，主要体现在塔吉克族对塔吉克语发展的主观愿望。"您希望讲塔吉克语的人越来越多吗？"这个问题的调查结果显示，受访者的回答几乎都是"很希望、比较希望"，塔吉克族在主观上完全希望能传承塔吉克族母语（图5-5）。

但当被问及"您希望您的子女将来上什么语言授课的小学和中学？"时，70%的塔吉克族受访者选择了使用汉语授课的中小学（图5-6）。这也说明客观上个人的发展需求影响了塔吉克族对母语教育的满足感。

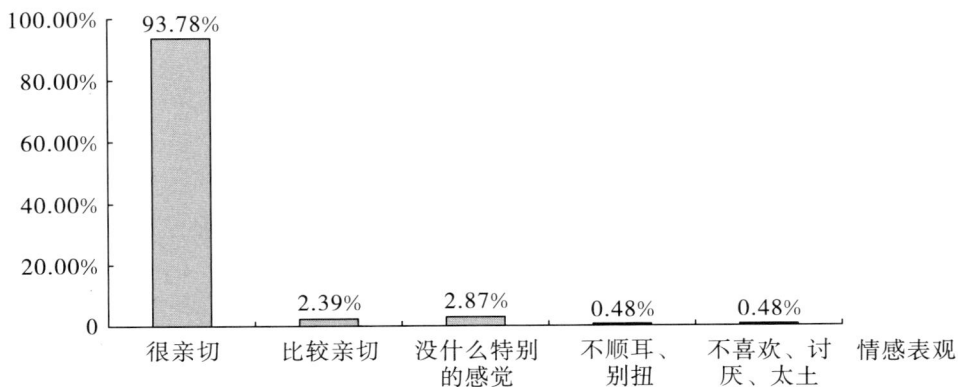

图 5-4　塔吉克族听到母语时的情感表现状况

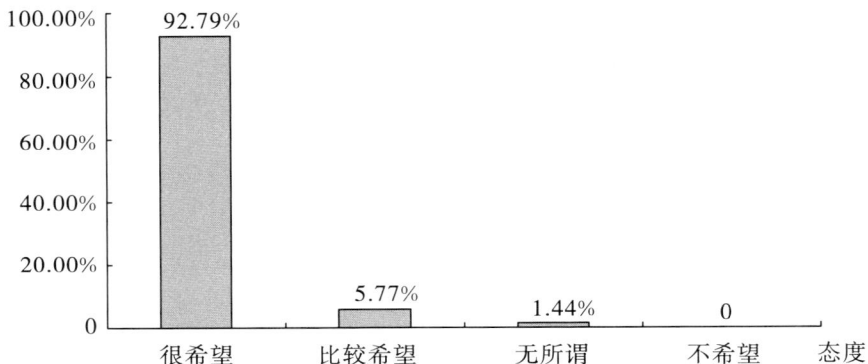

图 5-5　塔吉克族对塔吉克语使用的发展趋势所持态度

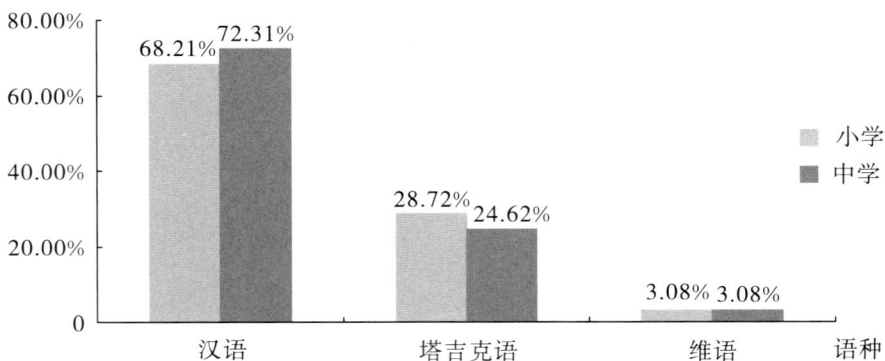

图 5-6　塔吉克族对中小学授课语言选择所持态度

在被问及"如果在家乡开播塔吉克语广播节目或电视节目，您认为怎么样？"时，接近 98% 的受访者表示在媒体中使用塔吉克语非常有必要（图 5-7）。

但现实中由于塔吉克语没有文字，塔吉克语的使用仅仅停留在口语层面，其在媒体领域的使用在客观上不可能实现。

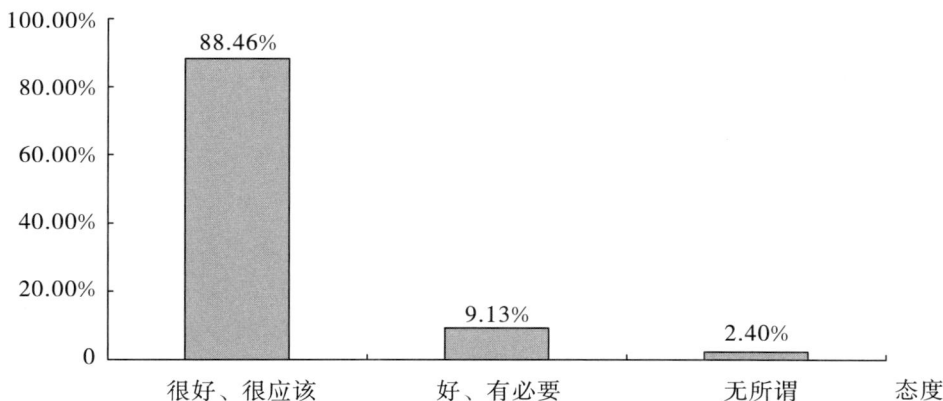

图 5-7　塔吉克族对开办塔吉克语母语广播和电视的态度

3. 母语自尊感。塔吉克族对母语的自尊感表现为母语是否受到尊重的情感体验。本研究通过调查"塔吉克族不说母语时"其同胞的情感反应以获取答案。当被问及"如果您的家人或邻居，在外地学习或工作后回到家乡不愿意跟您说塔吉克语，您会觉得怎么样？"时，超过85%的受访者都回答"很反感""有些反感""有点不习惯"（图 5-8）。由此可见，塔吉克族对母语使用的自尊感很强烈。

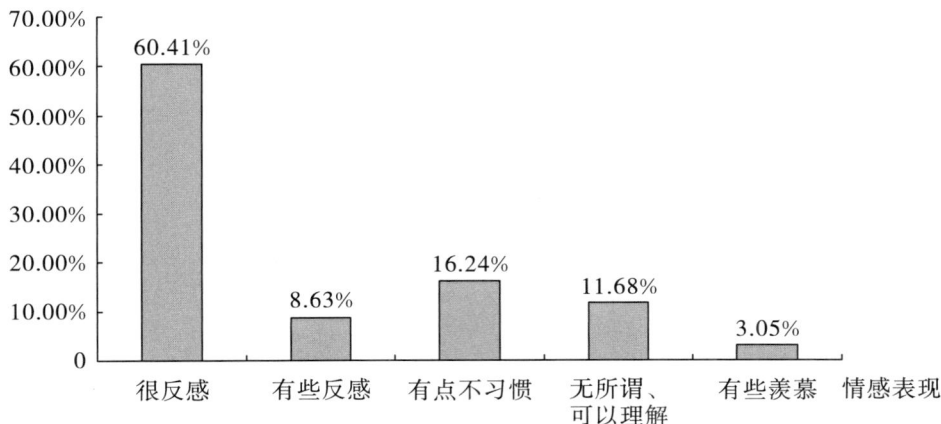

图 5-8　塔吉克族对返乡同胞不说母语的情感表现状况

（三）对塔吉克语的意志

意志是人们为实现确定的目的而努力的心理过程。塔吉克族的母语意志是塔吉克族在语言生活中明确目的，支配行动，实现既定目的的心理体验。这种情感通过个体的母语目的性和母语坚持性表现出来。

1. 母语的目的性。母语的目的性是指在语言生活中语言主体传承本民族语言文化的意识。本研究通过以下问题获取调查数据，在被问及"您觉得什么语言对您本人最重要？第二、第三、第四位重要的是什么语言？"和"您觉得什么文字对您本人最重要？第二、第三、第四位重要的是什么文字"时，受访者的回答情况如图5-9、图5-10所示，近95%的受访者将塔吉克语对自己的重要性放在第一位或者第二位。这反映出塔吉克语在塔吉克族语言生活中的重要性。在对文字的态度方面，选择塔吉克文字的受访者在半数以上，尽管塔吉克文字在塔吉克族语言生活中不复存在，但并不影响塔吉克族对创制母语文字的热情。塔吉克族学者从未停止对塔吉克语规范的记音符号的探讨，但尚未形成系统化的方案。调查发现，在中华人民共和国成立初期国家恢复和创制少数民族语言文字

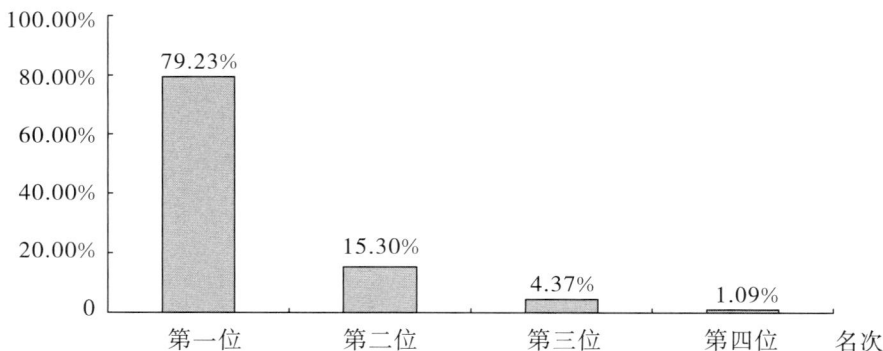

图 5-9　塔吉克语对被访塔吉克族的重要性情况

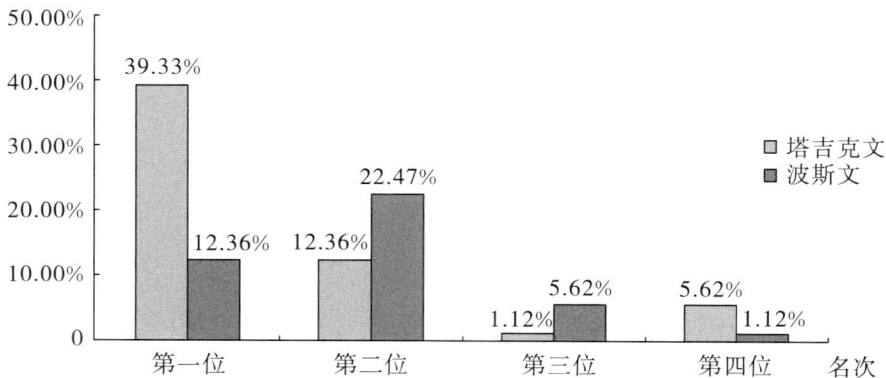

图 5-10　塔吉克文对被访塔吉克族的重要性情况

时，曾开展过对塔吉克族的波斯语培训工作，现在民间仍然有波斯语培训班形式的文字学习，因此也有一部分受访者选择波斯文。这表现出塔吉克族在塔吉克语发展问题上具有明确的意识和责任感。

2. 母语的坚持性。塔吉克族母语的坚持性是在语言生活中克服各种困难，坚持达成母语传承目标的情感意志。针对这一问题，本研究通过塔吉克语在发展中的主客观状况进行分析。当被问及"您觉得现在您的塔吉克语和您的父辈比，语言水平有什么变化？"时，超过60%的受访者认为，与父辈相比他们的母语水平降低了一些或者很多（图5-11）。这说明随着塔吉克语使用域范围的变化，塔吉克族的母语水平也受到了相应的影响。但调查也显示了一种现象：在语言转用区生活的青年开始主动恢复母语能力。田野调查发现同一受访者从不能使用塔吉克族母语到能够使用母语进行日常交流，发生了语言能力的恢复和变化。但这些主动恢复母语的受访者的父辈，甚至祖辈已经是语言转用者。图5-12的母语语言学习的态度调查情况反映了这种现象。当被问及"您认为学习塔吉克语有

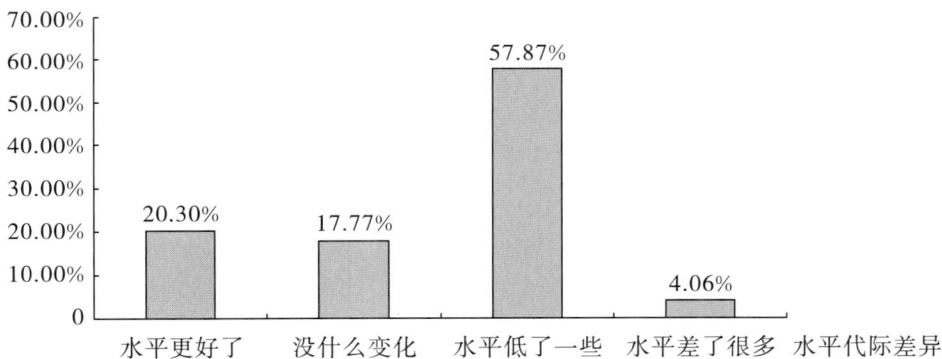

图 5-11　塔吉克族母语水平代际差异状况

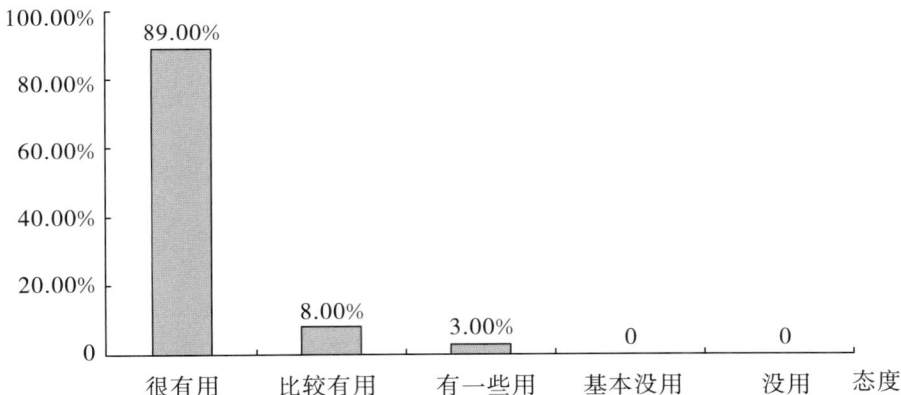

图 5-12　塔吉克族对母语学习态度调查

用吗？"时，100% 的受访者认为母语有用，其中认为"很有用"的比例就占到 89%。这反映出塔吉克语客观上的功能衰退和弱化同主观保护发展观念的强化之间的博弈。这种博弈也是民族语言文化传承时语言人主观上坚持母语使用和传承的表现。

这种民族语言保护和传承的情愫也体现在塔吉克族对子女辈语言能力和水平的期望与态度，以及母语传承的途径和保护意义上。

当被问及"如果您的子女将来学习塔吉克语，您觉得孩子的塔吉克语水平应该达到什么水平？"时，将近 90% 的受访者坚持"能顺利地交流"，不到 1% 的受访者认为"无所谓、顺其自然"，以及不到 1.50% 的受访者认为"能听懂简单的招呼语就行"（图 5-13）。[①]

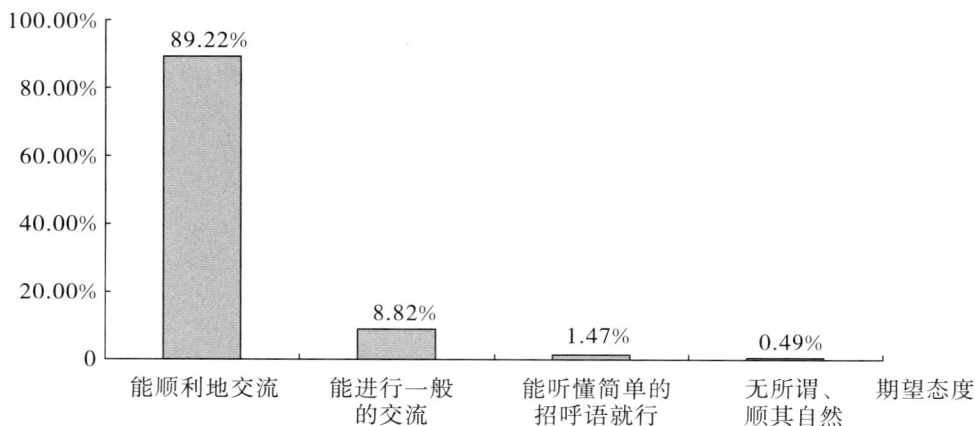

图 5-13　塔吉克族对子女辈塔吉克母语水平的期望态度

在被问及"如果您的孩子将来不会说塔吉克语了，您会有什么样的感觉？"时，近 60% 的受访者坚持"坚决不允许"的强硬态度（图 5-14），这从侧面反映出塔吉克族对语言功能日趋处于弱势状态的抗争心理，其传承母语的决心也可见一斑。但也有超过 40% 的受访者被动接受语言衰弱或者认为无所谓，这些都是影响母语生态保护的重要因素。

[①] 据调查这主要是受年龄因素影响，小学阶段学龄儿童于 2009 年开始完全接受汉语教育，母语观念尚未形成或巩固。关于该县双语教学的改革探讨，在周珊《中国塔吉克族语言教育选择历史与现状调查》，《民族教育研究》2011 年第 3 期上有较为详细的讨论。

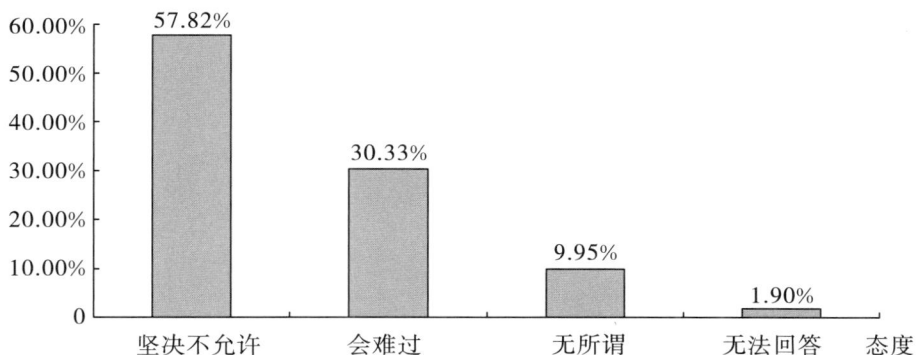

图 5-14　塔吉克族对子女辈不学习母语的态度

受访者在回答"您觉得保护和传承塔吉克语最重要的是什么？"时，其回答情况如图 5-15 所示，51.44% 的受访者认为学校教育是传承塔吉克语的最好途径；有 34.13% 的受访者认为需要通过本民族的力量传播母语，这是一种传统的方式；还有 13.46% 的受访者希望政府采取措施以保护塔吉克语。

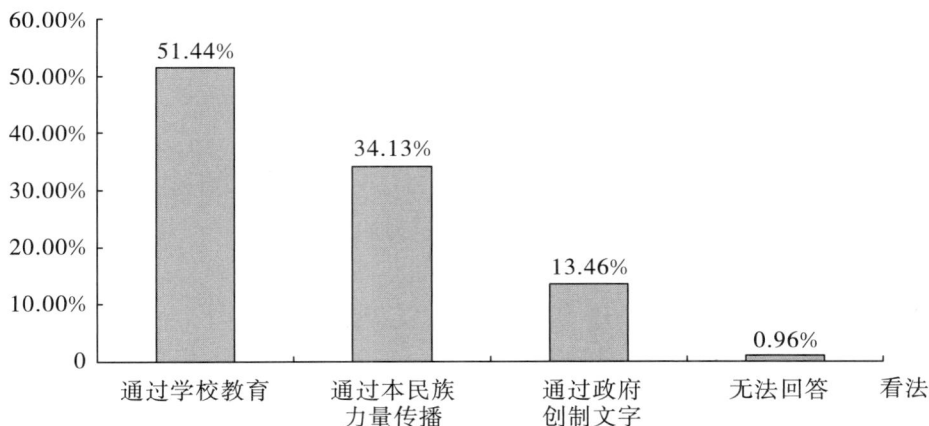

图 5-15　塔吉克族对保护和传承塔吉克语途径的看法

保持对塔吉克语的传承，其意义何在？是否在人类命运共同体观念的影响下，这种语言工具性功能衰退的语言就应该自然消亡呢？当被问及"您认为保护和传承塔吉克语有没有意义"时，受访的塔吉克族的回答（图 5-16）表明：即便是如此弱势的语言，也有近乎全数的受访者认为传承塔吉克语"意义重大"。

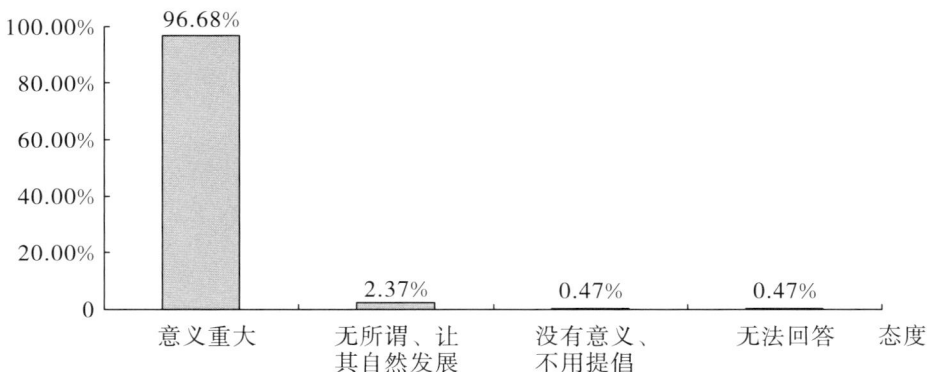

图 5-16 塔吉克族对塔吉克语传承意义的态度

二、语言使用现状调查

（一）塔吉克语使用人口状况

母语使用人数的保持或减少与语言发展有关。因为母语使用人数和转用语言人数成反比，和单语人数呈正比的相关程度最高，从语言转用的角度看，也是转用语言人数和母语使用人数、单语人数成反比的相关程度最高，所以少数民族人口中的母语单语人比例对各民族语言母语的保持与否具有概率上的预测意义。[①]

1. 使用塔吉克语者占总人口的比重。1982 年，塔吉克族使用塔吉克语人数为 23084 人，到 1999 年，塔吉克族人口总数为 4.01 万，塔吉克语使用人口增长到 35289 人，[②]占塔吉克族总人口的比例为 88%。2011 年新疆人口普查数据显示我国塔吉克族人口数达到 4.73 万，其中塔县塔吉克族人口为 31264 人，聚居在塔县境内的塔吉克族大多能够使用塔吉克语。随着基础教育水平的提升，及国家通用语言教育水平的提高和普通话推广普及工作的深入，塔什库尔干地区的语言生态发生了较大变化，语言生态多样性凸显，塔吉克族对国家通用语言文字的使用能力大幅度提高，塔吉克族加快了共享经济社会发展带来的幸福生活的步伐。

2. 使用塔吉克语的青少年人口的比重。在此次调查中青少年受访者（本研究根据国家划分标准将 44 岁以下定义为青少年）使用塔吉克语的情况见表 5-5，调查显示，使用塔吉克语的青少年占青少年受访者人数的 95% 以上。

[①] 黄行：《中国少数民族语言活力研究》，中央民族大学出版社，2000，第 248-249 页。
[②] 黄行：《中国少数民族语言活力研究》，中央民族大学出版社，2000，第 57 页。

表5-5　塔吉克族青少年的塔吉克语使用情况

青少年塔吉克语听力能力情况			青少年塔吉克语会话能力情况		
被访青少年	具备听力能力	占比	被访青少年	具备会话能力	占比
165 人	157 人	95.15%	163 人	155 人	95.09%

此次调查中青少年受访者占所有受访者人数的 80.88%，而塔吉克族青少年在整体人口中的比重为 81.73%，两者比例基本相当。经过计算得出：在塔吉克族青年人群中，使用塔吉克语的青少年在塔吉克族青少年人群中的比重达到95%。

3. 塔吉克族单语人、双语或多语人的比例及语言熟练情况。根据《世界的书面语》中的统计，20 世纪 80 年代塔吉克族单语人、双语人及转用人的情况见表 5-6：

表5-6　塔吉克族单语人与双语人及转用人情况一览表[①]

	单语人	双语人	转用人
人数	1.25 万人	1.06 万人	0.35 万人
占比	47.00%	39.79%	13.22%

塔吉克族自 1936 年至 20 世纪 80 年代，学校教育普遍接受维吾尔语教育；从 20 世纪 80 年代双语教育推行后，依然实行维吾尔语、汉语的双语教育机制。[②]因此，接受了学校教育的塔吉克族群众大多不是单语人，结合统计数据（表 5-7）可以判断。塔吉克族的单语人及双语人的基本情况见表 5-8，单语人、双语人、转用人的比例分别是 3.50%、83.37%、13.13%。

表5-7　第六次全国人口普查数据中塔吉克族 6 岁及以上人口中未上过学人口数

	6 岁及以上人口数	未上过学人口数
男	23375 人	603 人
女	22341 人	998 人
合计	45716 人	1601 人

---

① 黄行：《中国少数民族语言活力研究》，中央民族大学出版社，2000，第 62 页。
② 周珊：《中国塔吉克族语言教育选择历史与现状调查》，《民族教育研究》2011 年第 3 期。

表5-8　塔吉克族6岁及以上人口的语言使用状况

	单语人	双语人	转用人
合计	0.16万人	3.81万人	0.60万人
占比	3.50%	83.37%	13.13%

在塔吉克族的语言使用域中，其所使用的语言熟练程度有较大差异。如图5-17所示，作为周边区域的强势语言，维吾尔语自20世纪30年代作为塔吉克族教学语言以来，在塔吉克族的语言生活中占据了很重要的位置；作为国家通用语，汉语在塔吉克族的社会生活中也得到很大重视；而作为生活区域中使用的语言，塔吉克族母语由于缺少文字和规范，其生态位被挤压到比较小的空间；塔吉克族对英语的熟悉主要和教学有关；柯尔克孜语的习得是塔吉克族在生活区域语言接触的结果。

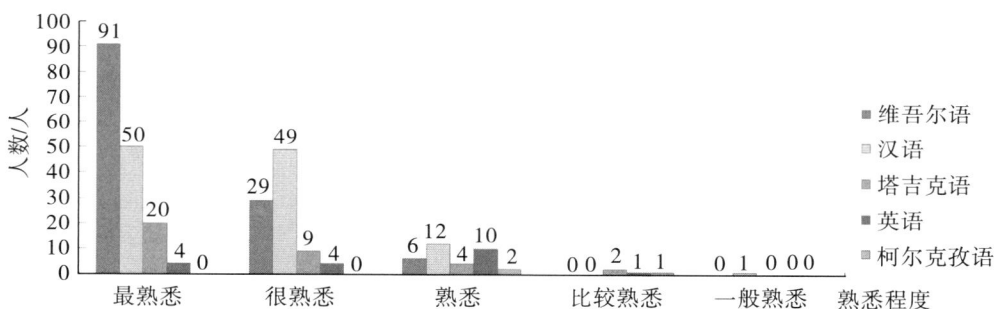

图5-17　塔吉克族双语及多语熟悉程度

需要引起重视的是，塔吉克族对母语的熟悉程度比较低（表5-9）。尽管在前文的论述中发现塔吉克语具有相对较好的人口基础与情感支持，但由于使用域的限制，塔吉克语的生态位受到影响。作为一种家庭和社区内用语，其规范程度有待加强。

表5-9　塔吉克族在熟悉的语言中选择塔吉克语的情况

熟悉程度	最熟悉	很熟悉	熟悉	比较熟悉	一般熟悉
人数	20人	9人	4人	2人	0
占比	9.62%	4.33%	1.92%	0.96%	0

（二）塔吉克语的使用域状况

塔吉克语作为一种没有书面文字的口头语言，其言语对象和使用域都受到了影响。虽然对言语对象的影响不是很明显，但在使用域上，塔吉克语的生态位导致的差异较为明显。在表5–10、表5–11中可清楚地看到这些差异。

表5–10　塔吉克族与不同身份塔吉克人交际时的母语使用情况

言语对象	只使用塔吉克语	只使用其他民族语言	塔吉克语和其他语言差不多	使用塔吉克语多于其他语言	使用其他语言多于塔吉克语
爷爷辈	85.58%	6.25%	4.33%	0.48%	3.37%
父辈	80.86%	7.18%	6.22%	1.91%	3.83%
兄弟姐妹	72.73%	8.13%	8.61%	4.78%	5.74%
晚辈小孩子	72.06%	10.29%	7.35%	5.39%	4.90%
和邻居或熟人聊天	75.96%	8.65%	6.25%	4.81%	4.33%
和陌生人打招呼	64.25%	12.56%	12.08%	8.21%	2.90%
去集贸市场买东西	61.06%	19.71%	9.13%	6.25%	3.85%
去政府办事	56.63%	16.33%	10.20%	8.16%	8.67%
去医院看病	58.13%	16.75%	12.32%	7.39%	5.42%
和同事	66.67%	14.00%	8.00%	5.33%	6.00%

表5–11　塔吉克族在不同场合的塔吉克语使用情况

言语场合	只使用塔吉克语	较多用塔吉克语	较少用塔吉克语	偶尔用塔吉克语	从不用塔吉克语
在家里	79.05%	7.14%	1.43%	2.86%	9.52%
在村子里	71.29%	14.85%	3.47%	1.98%	8.42%
在乡镇集市上	61.62%	11.35%	16.22%	3.24%	7.57%
在县城里	50.84%	21.79%	7.82%	8.94%	10.61%
在边境口岸	48.15%	11.11%	20.37%	12.04%	8.33%
在境外	37.78%	6.67%	17.78%	23.33%	14.44%
在学校上学时	30.22%	8.24%	20.88%	18.68%	21.98%
平时心里算数时	48.50%	8.98%	8.98%	7.19%	26.35%
看书看报默读	35.95%	2.61%	13.07%	7.84%	40.52%
在村委会开会时	43.07%	13.14%	8.03%	10.22%	25.55%
在当地婚礼上	79.00%	6.00%	2.50%	2.50%	10.00%
在民族节日活动	75.38%	9.74%	3.08%	2.56%	9.23%

结合表 5-10、表 5-11 可以看到：

1. 塔吉克语使用域主要在家庭域或者社区域中。在家庭中，塔吉克语的使用较为活跃。90% 以上的塔吉克族在家庭中都会使用塔吉克语，超过 90% 的受访者主要使用塔吉克语与长辈交流；与同辈或晚辈使用塔吉克语交流的比例也在 90% 以上。

另外，调查发现塔吉克族在"和邻居或熟人聊天、和陌生人打招呼、去集贸市场买东西、跟同事说话"等情况中，使用塔吉克语的情况仍超过了 90%；仅在"去政府办事、去医院看病"等情况下，只使用塔吉克语的比例较其他情况稍低，主要使用塔吉克语和维吾尔语混合语。但这一结果受主观情感的影响较大，大多数交际对象塔吉克语的熟练程度及表达水平造成使用局限，在交际困难时人们往往借助最为熟练的语言完成交流。这也印证了前文塔吉克族具有忠诚的母语情感和积极的语言态度这一结论。

2. 塔吉克语在广播、电视和网络媒体的使用贫乏，但已具有使用倾向和工具特征。第三章第三节对塔吉克族语言生活中各语言使用的不对等性进行论述时提到了塔吉克语的使用域。由于没有文字，塔吉克语功能受到影响，在媒体中的使用受到了极大限制。但在青年网络使用群体中，他们借助汉语拼音和英语的学习，因而存在不少使用拉丁字母或维吾尔文拼写塔吉克语的现象。在塔吉克族学者中也有少数群体使用拉丁字母创制的塔吉克文拼写塔吉克语的现象。通过走访发现，当地政府部门制作了"每日一句"性质的电视学习节目和板报，在政府电子屏幕上播放。图 5-18 为塔县人民政府办公楼的"每日一句"板报，下方两行为用拉丁字母拼写的塔吉克语。黑板报分别用汉语和维吾尔语书写，汉语谐音记音，拉丁字母拼写，使其同时具有语言文字记录、双语学习和文字书写的功能，方便各族群众在工作中学习兄弟民族的语言文字，提高民族间的交往、交流能力，促进民族交融，为营造和谐的语言生活环境、支持少数民族传承语言文化创造条件。

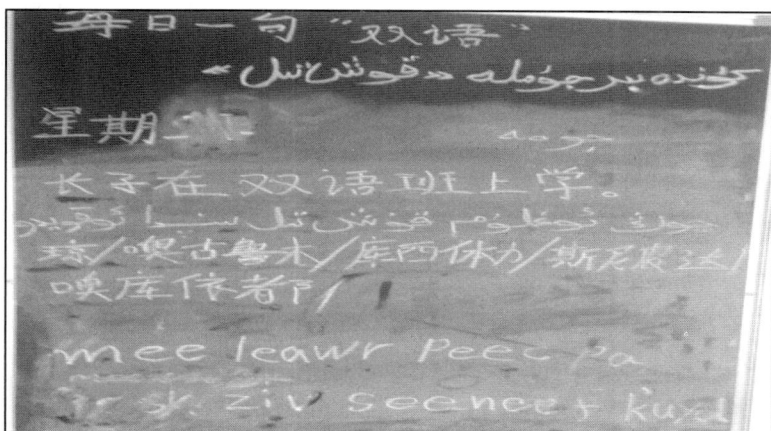

图 5-18　塔吉克语文字的使用图例 [①]

3. 塔吉克语在商贸活动中的使用也较为普遍。塔吉克语在商业领域的使用情况与不同的交际对象有直接关联。调查发现，塔县从事商业贸易的人员主要分为塔吉克族群众、维吾尔族群众、汉族群众、回族群众和巴基斯坦人，且塔吉克族商贩数量不多，因此，塔吉克语的使用域有限。但从表 5-10、表 5-11 中可以发现，塔吉克语的使用比例仍然很高，这一方面表明塔吉克语活力状况良好，另一方面也说明商业交易的对象是有选择性的，不同经营人群有特定的顾客群体。

4. 塔吉克语在行政领域的使用很有限。从表 5-10、表 5-11 中可以看到，在与不同场合的塔吉克人对话时，只用塔吉克语的比例相较其他场合稍低；且在村级行政场景中，不使用或者夹杂使用塔吉克语的比例也较其他场合低；塔吉克语在行政、立法、司法领域的使用活力很低，见表 5-12、表 5-13、表 5-14。[②] 参考黄行在研究少数民族语言活力评价时使用的方法，通过计算发现，在行政领域塔吉克语的使用仅限于口头层次，其被用以解释通用语言文字的公文和法律文书。

表 5-12　塔吉克语行政活力

语言	总计	书面语	口语	中央	省区	地县
塔吉克语	3.34	0	3.34	0	1.82	9.86

①此照片板报为作者在 2014 年 8 月 25 日拍摄于塔县人民政府办公楼，在县人民政府办公楼也有电子屏幕播放的此类型的"每日一句"；据了解，在电视台也有此类节目播出。从少数民族语言保护角度看，这是可喜的现象。

②黄行：《中国少数民族语言活力研究》，中央民族大学出版社，2000，第 110、116、120 页。

表5-13　塔吉克语立法活力

语言	总计	书面语	口语	全国人大	省区人大	地县人大
塔吉克语	0	0	0	0	0	0

表5-14　塔吉克语司法活力

语言	总计	书面语	口语	最高法	高法	中法	初法
塔吉克语	1.00	0	1.00	0	0	0	3.00

但基于塔吉克语处于弱势的行政活力状况，为保障少数民族群众的权利，政府部门针对工作场景的需要，采取了一些提高办事人员汉语、维吾尔语、塔吉克语使用能力的措施（图5-19）。政府为促进各民族交流和交往的顺畅，提高基层工作人员办事能力，专门组织公务员进行双语培训，其中就包括塔吉克语培训。

塔什库尔干县"双语"夜校培训班开班

作者：武德全　新闻中心来源：本站原创　点击数：122　更新时间：2014/12/16

12月15日，塔什库尔干县基层干部"双语"夜校培训班在县党校正式开班。

学好"双语"是各级干部走进群众、融入群众的纽带，是与广大农牧民群众解疑和沟通心灵的桥梁。为全面提升全县干部"双语"能力，提高各级干部"双语"运用水平，塔什库尔干县组织全县45岁以下的各级干部，以夜校学习的方式，拉近与群众之间的距离，了解群众的所思、所想、所求，为基层各族群众做好服务工作。

夜校"双语"培训除该县党校开设的班外，还在该县人民医院、中小学校、县"双语"幼儿园、各乡镇场等地增设了班级并与县城同步进行。培训共分4个班次，其中，维吾尔语2个班、汉语1个班、塔吉克语1个班；培训采用听、说、读、写等方式。

据了解，该县为此次培训不流于形式、不过场，严格按照制定的培训要求为参加培训的所有学员建立了"双语"学习档案，培训一周一小结，一月一考试，并把各学员平时成绩、考勤与结业成绩挂钩，与第十三月工资、年终绩效挂钩，确保此次"双语"夜校培训取得实效。

图5-19　塔什库尔干塔吉克自治县党政信息网上的双语夜班培训通知（网页截图）

5.塔吉克语在传统民俗活动和仪式用语中活力较强。从表5-11可以看到，在当地婚礼仪式和民族节日活动中，仅有10%和不到10%的塔吉克族不使用塔吉克语；而且有75%以上的塔吉克族只使用塔吉克语。在这个场域中，塔吉克语的活力非常强，说明塔吉克语依然承载了大量的塔吉克族特有的文化元素，在举办活动时，唯有通过母语才能更清楚地表达仪式的程序和内容。

三、塔吉克族母语使用状况分析与讨论

（一）塔吉克语保护和传承具有良好的情感和认知基础

塔吉克语的语言认知状况、情感因素以及语言使用现状是了解塔吉克语保护与传承状况以及判断塔吉克语语言生态水平的重要指标。塔吉克族对母语的语言态度制约塔吉克族对塔吉克语的使用和传承，影响人们在不同使用域内对塔吉克语的选择和应用，也制约着塔吉克语未来的使用和传承；同时，对塔吉克族母语态度进行研究也可以揭示塔吉克语生态环境和生态位变化的原因，对语言规划和语言政策的制定有重要的参考价值。通过前文的分析看到塔吉克语的使用现状，本研究从认知、情感和意志三种情感因素分析塔吉克族对塔吉克语的态度表现，呈现出以下几个特点。

第一，在听说认知、方言认知和语言演变状况认知方面，塔吉克族的母语听力能力普遍高于口语能力，且"完全能够听懂、交流"的受访者在 60% 以上，说明其语言认知状况良好；塔吉克族的语言能力与年龄呈正相关，其对方言和语言演变状况的认知也表现出这一趋势；塔吉克语认知状况符合处于弱势的少数民族语言受到周边强势语言影响后呈现出的逐渐衰微的发展趋势。

第二，塔吉克族对母语的愉悦感、满足感和自尊感的调查展现出塔吉克族对母语的强烈情感，这一趋势在所有监测指标中无一例外。这和塔吉克族深厚的历史文化根基及强烈的民族意识有很大关系。自陆上丝绸之路衰落以来，由于交通不便，塔吉克族聚居区处于较为封闭的状态，且塔吉克族普遍实行族内通婚，对外交流不活跃。这一方面制约塔吉克族文明繁荣和传播的进程，但另一方面也为塔吉克语的保存和发展创造了良好的条件。

第三，研究发现，尽管塔吉克语的生态位较低、使用域有限，但塔吉克族认识到了自身母语能力的衰退，在塔吉克族意志中表现出了非常强烈的保护与传承母语的愿望和诉求。这成为塔吉克语得以生存和发展的有利因素，且这种强烈的情感随着经济、教育水平的提高更加强烈。

（二）塔吉克语具有较好的人口优势，且在家庭使用域中具有较强活力，但家庭和社区之外的语言使用域较窄

塔吉克族虽属于人口较少民族，但聚居程度高，而且塔吉克语在青少年中使用率高，认可度高；由于没有文字，塔吉克族一直接受维吾尔语和汉语文字教学，因此其母语的使用活力受到影响。另外，塔吉克语在家庭域具有很强的活力，但活跃使用的范围局限于家庭和邻近社会交往区域，通用程度不高，因此严重影响了塔吉克语的使用活力。

第六章
塔吉克族母语生态环境评价

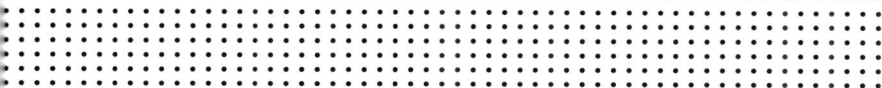

第一节　构建塔吉克族母语生态评价体系的方法

语言生态评价是采集周期内语言生态监测的数据材料，对语言的生态状况及发展态势、语言活力状况进行评价，最后做出定性判断的过程。其过程包括搜集分析用于调查、分析、评价语言生态的要素、具体指标，以及对指标进行的描述、分析统计模型进行评估定性等。其目标是揭示和评价语言生态系统在各个时期（阶段）的质量状况和变化状况，为语言资源的保护、利用和发展指出方向。[①]评价工作主要包括数据的搜集与整理、评价指标的筛选与确定、评价方法的选择、指标权重的确定和评价体系的运行等。

一、评价指标的选择标准

语言生态系统结构较为复杂，横纵层次之间、子系统之间存在相互作用，因此，要在众多指标中筛选出操作性强、灵敏度高、内涵丰富的评价指标极为不易。单从某个方面或角度来描述语言生态系统的发展状况都难免有失偏颇，必须建立一个多指标的有机的立体系统。在建立塔吉克族母语生态评价系统时，应该多选择科学合理的评价标准。但也应避免过犹不及，从而影响关键因素作用的体现。在选择和设置指标时要抓住问题主要方面的最本质特征，突出反映影响语言生态可持续发展的关键指标。坚持少而精的筛选原则，把预评估内容表现出来。[②]

本研究回顾和借鉴学者们关于语言活力评价体系和语言生态评价体系研究的经验，找出选择候选指标的标准和原则。

（一）专业性标准

语言生态系统的运行不仅是语言内部语音、词汇、语法、语义、语用等的发展演变过程，语言的生存与发展还与其外部生态系统中的自然环境、社会、族群、语言使用者、语言政策、语言之间的各种关系等都有密切关系。[③]因而，语言生态指标体系应该涵盖语言内部和外部生态系统的各个方面，才能更全面地评

---

① 肖自辉、范俊军：《语言生态的监测与评估指标体系——生态语言学应用研究》，《语言科学》2011 年第 3 期。

② 吴志强、蔚芳等：《可持续发展中国人居环境评价体系》，科学出版社，2004，第 74 页。

③ 崔桂华、齐洪英：《生态语言学：语言系统的生态学视角研究》，《东北师大学报（哲学社会科学版）》2012 年第 4 期。

估语言生态。但也应注意取舍，形成专业性评价指标。

（二）稳定性标准

具有可持续性的语言生态系统会随着时间变化而具有波动性，在选择评价指标时要注意避免短时间内发生变化的因素对评价系统产生不利影响，提取相对稳定的指标用以考察语言生态状况。

（三）自我发展标准

评价指标本身要符合语言生态演化的可持续性特点。由于指标的确定具有相对性，因此当时空条件发生转变时，评价指标也要与时俱进，选择能够自我发展的指标要素。

（四）可操作性标准

在评价中，从文献资料或者统计数据中获取的信息，或是抽样调查取得的数据，都应该具有可操作性。不仅指标要简明，数据的获取要便利，更要注意指标的规范，从而增强生态指标和生态因子选择的可操作性。

（五）相对完备性标准

语言生态系统评价体系是一个有机整体，应该全面反映评价主体的主要发展特征和状况。筛选时要避免指标的重叠，注意保持指标的相对独立性和完备性。

（六）综合性原则

评价指标体系应该精练，要选择具有代表性的综合性指标和最主要的指标参数项，实现数字化。

综上所述，语言生态系统评价体系评价指标的筛选和确定，应该坚持以上原则，注重专业性、综合性和可操作性的统一。遵循这些原则确立的指标体系有助于评价体系的实践和推广，其评价结果也能为语言生态的可持续发展提供参考。[1]

二、评价指标的确立

生态语言学探索语言多样性和语言内外生态系统之间的关系，它们之间存在着整体性和连续性，以及由此而产生的可持续性关系。语言生态系统又具有原生性、谱系性、平等性、变异性和自我调节性等特征。[2]面对这样一个复杂的系

---

[1] 吴志强、蔚芳等：《可持续发展中国人居环境评价体系》，科学出版社，2004，第75页。
[2] 冯广艺：《语言生态学引论》，人民出版社，2013，第54-58页。

统，国内外研究者已经从理论探索开始，经过拓展和深化，慢慢转向应用实践研究。在关于系统如何正常运行，如何了解其运转状态的研究中，专家学者们做了大量卓有成效的工作。本研究综合各家之长，在这些生态研究理论和实践的基础上确定评价指标。

（一）评价指标的搜集对比

联合国教科文组织文件《语言活力与语言濒危》（范俊军，2006）确立了衡量语言活力与语言濒危状况的 9 项要素指标（表 6-1），并对各项要素分级描述。联合国教科文组织的文件中使用了 6 级描述，孙宏开针对我国少数民族语言的实际状况，在该文件基础上补充 3 条指标（表 6-2），以此评估我国少数民族语言活力（2006）。黄行在《中国少数民族语言活力研究》中依据语言产品、语言设施和语言人员 3 个要素，建立了一个包括行政、立法、司法等社会各层面因素的语言活力指标系统（表 6-3）（2000），采用量化测度的方法，对我国少数民族语言活力进行分项计量排序。戴庆厦、邓佑玲（2001）提出评估濒危语言的指标体系（表 6-4），并考虑到量化问题，重视指标的可操作性；将指标分为核心指标和参考指标，注意到指标要素的作用力以及不同语言情况的复杂性。肖自辉、范俊军（2011）在《语言生态的监测与评估指标体系》一文中，以 PSR（压力—状态—响应）模型为指引，研究确立了一套包含地理、经济、人口等 12 个要素 33 个指标的语言生态监测评估标准（表 6-5），将语言生态学理论的应用研究向前推进了一步。这套语言生态评价体系可以直接用于数据信息平台的建设以及我国语言生态监测与评价的具体实践。

（二）中国塔吉克族母语生态指标的筛选

塔吉克族母语生态受到塔吉克语内部结构特点和外部生态环境的影响和制约，其生态状况的发展和演变与多种因素有关。前文论述了对塔吉克族母语生态产生影响的各项因素，因而，可通过专家咨询法、理论分析法和频度统计法，结合联合国教科文组织和学者们的先行研究实践，筛选出监测塔吉克母语生态的指标系统（表 6-6）。

表6-1　联合国教科文组织语言活力与语言濒危评估指标体系一览表[①]

评估项目	评估指标	评估指标分级描述	评估级次
语言活力和濒危状况	指标1：代际语言传承	各年龄段都使用	安全（5）
		所有儿童在有限场合使用，部分儿童在所有场合使用	不安全（4）
		多为父辈和更上辈人使用	确有危险（3）
		仅限于祖父母辈及更上辈人使用	很危险（2）
		仅有极少曾祖辈人使用	极度危险（1）
		在世者无人使用	灭绝（0）
	指标2：绝对使用人口		
	指标3：语言使用人口占总人口的比例	所有人都使用	安全（5）
		将近所有人都使用	不安全（4）
		多数人使用	确有危险（3）
		少数人使用	很危险（2）
		极少人使用	极度危险（1）
		无人使用	灭绝（0）
	指标4：语言使用域的走向	该语言用于所有领域、所有功能	通用（5）
		多数社会域、大多数功能使用两种或多种语言	多语交替（4）
		该语言用于家庭和诸多功能，但强势语已开始渗入家庭	正在收缩的使用域（3）
		语言使用的社会域有限或功能有限	有限的或正式使用域（2）
		该语言只用于非常有限的语领，功能甚少	非常有限的使用域（1）
		该语言不用于任何领域，无任何功能	灭绝（0）
	指标5：语言对新使用域和媒体的反应	该语言用于所有新使用域和媒体	充满活力（5）
		该语言用于多数新使用域和媒体	活跃（4）
		该语言在若干新使用域尚可接受	尚可接受（3）
		该语言只用于某些新使用域和媒体	只能应付（2）
		该语言只用于极少新使用域	活力不足（1）
		该语言不用于任何新使用域	无活力（0）

[①] 整理自范俊军编译《联合国教科文组织关于保护语言与文化多样性文件汇编》，民族出版社，2006，第38-48页。

续表

评估项目	评估指标	评估指标分级描述	评估级次
语言活力和濒危状况	指标6：语言教育与读写材料	有固定文字系统和读写传统，有语法、词典、文学作品和日常媒体；书面语在行政和教育等领域使用	（5）
		有书面材料，儿童在学校培养读写能力，书面语不用于行政事务	（4）
		有书面材料，儿童在学校可较多接触书面材料；但未培养读写能力	（3）
		有文献材料，但只有部分人使用；学校没有语言读写训练	（2）
		有通俗文字符号，少数材料使用该符号书写	（1）
		无文字符号可用	（0）
语言政策和语言态度	指标7：官方语言态度与政策	所有语言均受保护	同等支持（5）
		非强势语主要作为私人场合的交际语受到保护；非强势语享有声望	区别性支持（4）
		没有明确的少数民族语言政策；强势语主导各种公共交际场合	消极同化（3）
		政府鼓励向强势语同化，不保护少数民族语言	积极同化（2）
		强势语是唯一官方语言，非强势语既不被承认，也不受保护	强迫性同化（1）
		禁止使用少数民族语言	禁止使用（0）
	指标8：语言族群成员对母语的态度	所有成员都重视母语并希望它不断发展	（5）
		大多数成员支持保持母语	（4）
		许多成员支持保持母语，但有些人漠不关心或支持弃用母语	（3）
		一些成员支持保持母语，其他人漠不关心或支持弃用母语	（2）
		仅少数成员支持保持母语，其他人支持弃用母语	（1）
		无人关心母语是否被弃用，所有人倾向于使用强势语	（0）

续表

评估项目	评估指标	评估指标分级描述	评估级次
记录濒危语言的紧迫性	指标9：记录材料的数量与质量	有综合语法和词典、大量文献和丰富的语言材料；有充足的、经注释的优质声像材料	最佳（5）
		有完整的语法著作和若干词典、文献、文学作品，有经常更新的日常媒体；有足够的、经注释的优质声像材料	优（4）
		有适量的语法著作、词典和文献材料，但无日常媒体；声像材料的质量和注释情况可能参差不一	良好（3）
		有一些语法描写、词表或教材，但覆盖面不够；声像资料质量参差不齐，注释或有或无	不完整（2）
		仅有少量语言描写、简单词表和零星文本材料；无声像材料，或虽有声像材料，但因质量差而不能使用	不充分（1）
		无任何记录材料	（0）

表6-2　孙宏开增加的三项语言活力与语言濒危评估指标[①]

评估指标
（1）语言的分布状况，聚居、杂居还是散居
（2）语言的内部差异程度，差异大的语言，活力就会降低
（3）国境内外的分布状况

表6-3　黄行的语言活力评价指标体系一览表[②]

评价领域	活力类型		
	生产活力（语言运用）	发展活力（语言能力）	
	语言产品	储备活力：语言设施	处理活力：语言人员
行政活力	公文、档案、公务交谈	政府机构	公务员
立法活力	法律、法规	立法机构	人大代表和人大常委

---

① 整理自孙宏开：《中国少数民族语言活力排序研究》，《广西民族大学学报（哲学社会科学版）》2006年第28卷第5期。

② 整理自黄行：《中国少数民族语言活力研究》，中央民族大学出版社，2000。

续表

评价领域	活力类型		
	生产活力（语言运用）	发展活力（语言能力）	
	语言产品	储备活力：语言设施	处理活力：语言人员
司法活力	法律文书、诉讼程序	司法机构	司法人员
教育活力	教材、课本、口语教学	学校	教师、学生
出版活力	图书、报纸、杂志、录音制品、录像制品	出版社、报社、杂志社、图书馆、书店	出版界专业人员
媒体活力	广播、电视节目	电台、电视台、收音机、电视机	媒体界专业人员
文艺活力	文学、戏剧、曲艺、电影、电视剧、广播剧	电影院、剧院、文化馆	文艺界从艺人员
宗教活力	经书、布道、典礼	宗教场所	教职人员、信徒
经济活力	文字说明、契约、合同、广告	工厂、企业、服务行业	管理人员、职工、服务人员
信息活力	信息产品	邮局、通信网点、电话机、计算机、互联网	信息开发者、互联网和多媒体用户

表6-4　戴庆厦、邓佑玲濒危语言评价指标体系一览表

指标性质	濒危语言评价指标
核心指标	［指标1］丧失母语人口的数量
	［指标2］母语使用者的年龄
	［指标3］母语使用能力
参考指标	［指标4］母语的使用范围
	［指标5］民族群体的语言观念

表6-5　肖自辉、范俊军语言生态监测指标体系一览表①

评价子系统	评价要素	二级指标	指标性质
压力	人口	语言使用人口基数	A
		语言使用者占总人口的比重	A
		青少年使用人口的比重	A
		语言使用人口的增减趋势	B

① 肖自辉、范俊军：《语言生态的监测与评估指标体系——生态语言学应用研究》，《语言科学》2011年第3期。

续表

评价子系统	评价要素	二级指标	指标性质
压力	地理	语言群体社区的聚居程度	A
		语言群体社区的地理开放度	B
	文化	文化习俗和传统仪式稳定性	B
		宗教信仰及其与语言的关系	B
		语言使用者跨族通婚态度	B
	经济	语言群体社区的经济实力	A
		语言群体社区的经济产业类型	B
状态	语言格局	毗邻语言的声望与势力	B
		语言跨境状况	B
	使用域	家庭内部使用情况	A
		日常交际中的使用情况	A
		在广播、电视媒体的使用情况	A
		在商贸活动中的使用情况	B
		在行政领域的使用情况	B
		传统民俗活动和仪式用语	B
	语言标准化程度	语言内部方言差异和听懂度	B
		文字系统或书面语使用和规范情况	B
	语言结构	语音系统的稳定程度	B
		词汇系统的稳定程度	B
		语法系统的稳定程度	B
	语言产品	语言教学类产品的数量和使用面	B
		文化生活类语言产品数量与读者面	B
		语言研究类产品的数量与质量	B
响应	教育	以语言为教学用语的初级学校数量	B
		设置了语言课程的学校或机构数量	B
	语言态度	语言群体内部的语言态度	A
		政府的政策倾向或行为倾向	B
	语言能力	语言群体单语或单方言人的比重	B
		双语或多语人的比重及熟练情况	B

表6-6　塔吉克族母语生态评价指标体系一览表

语言生态域	评价域	评价要素	二级指标
塔吉克语内部生态系统	脆弱性评价	塔吉克语的语言结构	塔吉克语语音系统的稳定程度
			塔吉克语词汇系统的稳定程度
			塔吉克语语法系统的稳定程度
		塔吉克语的语言标准化程度	塔吉克语语言内部差异
			塔吉克语文字系统或书面语使用和规范情况
	协调性评价	语言生态格局	相邻语言的势力
			塔吉克语跨境状况
塔吉克语外部生态系统	敏感性评价	人口	塔吉克族人口数
			塔吉克语使用者占总人口的比重
			使用塔吉克语的青少年人口的比重
			塔吉克族人口的增减趋势
		文化	文化习俗和传统仪式稳定性
			宗教信仰及其与语言的关系
			语言使用者跨族通婚态度
		使用域	塔吉克语在家庭内部使用情况
			塔吉克语在日常交际中的使用情况
			塔吉克语在广播、电视和网络媒体的使用情况
			塔吉克语在商贸活动中的使用情况
			塔吉克语在行政领域的使用情况
			塔吉克语在传统民俗活动和仪式用语
		语言产品	塔吉克语教学类产品的数量和使用范围
			塔吉克语文化生活类产品数量与读者范围
			塔吉克语研究类产品的数量与质量
		语言能力	塔吉克族单语人的比重
			塔吉克族双语或多语人的比重及熟练情况
	协调性评价	地理	塔吉克族的聚居程度
			塔吉克族聚居区的地理开放度
		语言政策和语言态度	各级政府语言政策和语言规划的完善程度
			塔吉克族内部的语言态度
		经济	塔吉克族聚居区的经济实力
			塔吉克族聚居区的经济产业类型
		教育	以塔吉克语为教学用语的初级学校数量
			设置了塔吉克语课程的学校或机构数量

125

三、评价的方法与评价模型的选择

比较常用的生态环境质量评价方法主要有以下几种：赋权综合评价法、层次分析法、人工神经网络评价法等。结合塔吉克母语生态评价体系特征的研究，通过指标数据权重进行评价较为可行，因此，本研究选择赋权综合评价法作为评价塔吉克族母语生态的方法。

（一）指标值的无量纲化

评价指标体现指标对其描述现象的影响程度。数据无量纲化的过程，实际是分级打分的过程。在确定某一指标的赋分范围后，根据统计数据，给指标打分。

（二）指标值权重的确定

指标体系中各指标对塔吉克族母语生态质量影响的程度是不一样的，因此，在构建生态评价指标体系时，要考虑各指标对系统的权重。权重的准确程度，直接影响指标体系的功能和质量。

权重确定有多种方法，可分为主观和客观方法两大类。根据经验确立权重属于主观方法，具体有德尔菲法、层次分析法和权值因子判断表法；依据评价对象各指标数据的数学统计特征，求出各监测指标的权重属于客观方法，如嫡值法、最大方差法以及主成分分析法等。由于数据的特点，客观方法不完全适用于语言生态的评价。[1] 因此，在确定指标权重时，主要采用主观评判的方法，即德尔菲专家直接赋权法和权值因子判断表法。[2] 专家根据经验对分析对象中的各种因子有比较准确的判断，因此，能够根据塔吉克族聚居区的语言生态特点，以及评价的目的、范围、等级和规模给出各种评价因子的相对重要性，从而最终确定权重。因此，塔吉克族母语生态评价体系的指标权重确定，本研究采用肖自辉、范俊军语言生态的监测与评估指标体系中的赋权方法和权重值，[3] 结合塔吉克族聚居区塔吉克族母语生态的具体情况进行适应性调整，得到了塔吉克族母语生态指标权重分值表（表6-7）。

---

[1] 数据之间不完全是直接数学关系。

[2] 肖自辉：《岭南方言资源监测指标体系研究》，硕士学位论文，暨南大学中文系，2010，第49-50页。

[3] 肖自辉、范俊军：《语言生态的监测与评估指标体系——生态语言学应用研究》，《语言科学》2011年第3期。

表6-7 塔吉克族母语生态评级体系权重值一览表

评价域	权重	评价要素	权重	二级指标	权重
脆弱性评价	0.1201	塔吉克语的语言结构	0.0539	塔吉克语语音系统的稳定程度	0.4271
				塔吉克语词汇系统的稳定程度	0.2552
				塔吉克语语法系统的稳定程度	0.3177
		塔吉克语的语言标准化程度	0.0662	塔吉克语语言内部差异	0.5127
				塔吉克语文字系统或书面语使用和规范情况	0.4873
协调性评价	0.4463	地理	0.0793	塔吉克族的聚居程度	0.6094
				塔吉克族聚居区的地理开放度	0.3906
		语言政策和语言态度	0.1001	各级政府语言政策和语言规划的完善程度	0.4062
				塔吉克族内部的语言态度	0.5938
		经济	0.0931	塔吉克族聚居区的经济实力	0.6719
				塔吉克族聚居区的经济产业类型	0.3281
		教育	0.1008	以塔吉克语为教学用语的初级学校数量	0.7344
				设置了塔吉克语课程的学校或机构数量	0.2656
		语言生态格局	0.0730	相邻语言的势力	0.6563
				塔吉克语跨境状况	0.3437
敏感性评价	0.4336	人口	0.1091	塔吉克族人口数	0.2412
				塔吉克语使用者占总人口的比重	0.2308
				使用塔吉克语的青少年人口的比重	0.2829
				塔吉克族人口的增减趋势	0.2451
		文化	0.0787	文化习俗和传统仪式稳定性	0.3125
				宗教信仰及其与语言的关系	0.3229
				语言使用者跨族通婚态度	0.3646
		使用域	0.0921	塔吉克语在家庭内部使用情况	0.1844
				塔吉克语在日常交际中的使用情况	0.2042
				塔吉克语在广播、电视和网络媒体的使用情况	0.1760
				塔吉克语在商贸活动中的使用情况	0.1646
				塔吉克语在行政领域的使用情况	0.1479
				塔吉克语在传统民俗活动和仪式用语	0.1229
		语言产品	0.0685	塔吉克语教学类产品的数量和使用范围	0.3854
				塔吉克语文化生活类产品数量与读者范围	0.4115
				塔吉克语研究类产品的数量与质量	0.2031
		语言能力	0.0852	塔吉克族单语或单方言人的比重	0.6250
				塔吉克族双语或多语人的比重及熟练情况	0.3750

（三）塔吉克族母语评价指标内容的分级及描述

在指标内容分级中，把握级次非常重要。如果分级太过笼统，概括度就太高，描述难免模糊不清；而分级过于细密，级差细微，又难以明确归级。通过文献查阅、比较权衡，发现包括联合国教科文组织在内的众多研究机构、专家在讨论评价指标的分级问题时，基本采用 4 分到 7 分不等的级次。[①] 考虑到统计指标分级通常采取 5 级或 6 级，结合塔吉克语的具体情况，本研究把塔吉克族母语生态状况评价分为 5 级（表 6-8）：

表 6-8　塔吉克族母语生态状况评价等级

等级	描述
最佳	语言生态环境各方面有利于语言资源的可持续发展，语言资源能够得到充分开发和利用
良好	语言生态环境满足语言资源的持续生存，语言资源能够得到一定程度的开发和利用
一般	语言生态环境能使语言资源继续生存，但缺乏语言发展的条件，语言资源利用较为有限
较差	语言生态环境勉强使语言资源生存，但持续生存因素不足，语言资源使用很有限
差	语言生态环境不利于语言资源生存，语言资源萎缩或消亡，语言资源几乎没有利用，语言濒危

但塔吉克族母语具体划入哪一级别，还有赖于各指标的分级评判。因此，每一个 2 级指标也同样需要分级。本研究依然采取 5 级划分，为拉开级差，采取百分制记分。具体见表 6-9：

[①] 肖自辉：《岭南方言资源监测指标体系研究》，硕士学位论文，暨南大学中文系，2010，第 58-59 页。

表6-9 塔吉克族母语生态评价指标分级评分表

一级指标	二级指标	评分等级				
		最佳 （80～100分）	良好 （60～80分）	一般 （40～60分）	较差 （20～40分）	差 （0～20分）
语言结构	语音系统的稳定程度	音位系统稳定，有整合外来语音的能力	音位系统基本稳定，有整合外来语音的能力，但个别音发生变化	音位系统不够稳定，整合能力较弱，有较多外来语音成分进入音系	音位系统不稳定，外来语音成分占优势	音位系统与强势语言基本相同，偶尔出现特有语音
	词汇系统的稳定程度	核心词稳定，很少使用外来词	核心词基本稳定，外来词数量不多	核心词不够稳定，外来词数量较多	核心词只有少量是固有词	仅有个别核心词存在
	语法系统的稳定程度	语法系统稳定，有整合外来语法形式的能力	语法系统基本稳定，有一定的整合外来语法形式的能力，出现一些外来语法和固有语法并用情况	语法系统不够稳定，整合外来语法形式能力较弱。外来语法形式占优势。个别固有语法形式趋于消失	语法系统不稳定，外来语法形式占绝对优势，固有语法形式趋于消失	语法形式基本同于强势语言，偶尔有固有语法结构出现
语言标准化程度	语言内部方言差异	语言规范，没有方言差异	语言较规范，方言差异小	语言不太规范，方言差异较大	语言不规范，方言差异很大	语言很不规范，方言间无法沟通
	文字系统或书面语使用和规范情况	有通行文字和书面语，且语言文字规范程度高，有科学合理正字法	通行文字和书面语比较完善，语言文字较规范，有正字法	有通行文字和书面语，没有语言规范和正字法	没有规范的文字和书面语	没有文字系统
地理	塔吉克族的聚居程度	有若干民族区域自治地方	有一个自治州或自治县民族区域自治地方	有若干个民族乡，且大多相邻	有一个或若干个乡，但不相邻	仅有个别零散分布民族聚居村或居住点，且多数杂居

续表

一级指标	二级指标	评分等级				
		最佳 （80～100分）	良好 （60～80分）	一般 （40～60分）	较差 （20～40分）	差 （0～20分）
地理	塔吉克族聚居区的地理开放度	母语人大多居住在偏远地区，地域较封闭，无公共交通	母语人大多居住在自治县、乡村，交通不便，开放度低	母语人大多居住在城市远处的县、乡村，交通不够便利，开放度较低	母语人大多住在城市近郊，交通便利，对外交往频繁，开放度较高	母语人大多居住在城市或集镇，交通发达，对外开放度高
语言政策和语言态度	各级政府语言政策和语言规划的完善程度	国家、省级、县级政府语言政策明确，语言规划科学，适于语言可持续发展	省级、县级语言政策较为明确，有科学的语言规划，制定和执行保护语言发展政策措施	自治县语言政策明确，语言规划可行性高，有明确语言保护政策措施	自治县语言保护政策执行不力，无明确语言发展规划，没有具体语言保护措施	对少数民族语言无任何政策措施
	塔吉克族内部的语言态度	所有塔吉克人都重视母语传承和发展	大多数塔吉克人支持母语保持和传承	部分塔吉克人支持母语保持和传承	少数塔吉克人支持母语保持和传承	几乎所有塔吉克人对母语保持与传承态度消极
经济	塔吉克族聚居区的经济实力	经济发展势头好，对周边有辐射作用，居民生活水平高	经济发展趋势较好，居民生活水平较高	经济发展规模不大，居民生活水平中等偏下	经济发展规模小，发展趋势不好，大部分居民贫困	经济难以自给，主要靠政府救济
	塔吉克族聚居区的经济产业类型	几乎所有人在本地区从事农牧业	大多数人从事农牧业，少数人从事商业等	半数人从事传统农牧业，大多数人外出或从事其他产业	少数人从事农牧业，大多数人外出或从事其他产业	很少或没有人从事农牧业，几乎都外出或从事其他产业
教育	以塔吉克语为教学用语的初级学校数量	所有学校	大部分学校	半数学校	较少学校	没有

续表

一级指标	二级指标	评分等级				
		最佳 （80～100分）	良好 （60～80分）	一般 （40～60分）	较差 （20～40分）	差 （0～20分）
教育	设置了塔吉克语课程的学校或机构数量	所有学校	大部分学校	半数学校	较少学校	没有
语言生态格局	相邻语言的势力	周边语言种类单一，势力较弱	周边有多种语言，势力较弱	周边语言种类多，势力与塔吉克语相当	周边语言个别较为强势	周边语言普遍强势
	塔吉克语跨境状况	在境外多个国家和地区有分布，且有区域官方地位	在境外多个国家地区有分布，无区域官方地位	在境外多个国家地区分布，认同度较高	在境外有小范围、零星分布	在境外没有分布
人口	塔吉克族人口数	6.2万～12.5万	1.3万～6.2万	0.13万～1.3万	0.01万～0.13万	少于0.01万
	使用塔吉克语者占总人口的比重	5万＜语言使用人口≤10万	1万＜语言使用人口≤5万	0.1万＜语言使用人口≤1万	0.01万＜语言使用人口≤0.1万	语言使用人口≤0.01万
	青少年使用塔吉克语人口的比重	青少年使用人口＞80%	60%＜青少年使用人口≤80%	30%＜青少年使用人口≤60%	10%＜青少年使用人口≤30%	青少年使用人口≤10%
	塔吉克族人口的增减趋势	人口增长＞10%	5%＜人口增长≤10%	1%＜人口增长≤5%	0%＜人口增长≤1%	人口增长≤0%
文化	文化习俗和传统仪式稳定性	优秀传统文化丰富、稳定	优秀传统文化较丰富，比较稳定	优秀传统文化受周边文化影响，变化大	优秀传统文化受影响，与周边民族差别很小	优秀传统文化丢失

续表

一级指标	二级指标	评分等级				
		最佳 （80～100分）	良好 （60～80分）	一般 （40～60分）	较差 （20～40分）	差 （0～20分）
文化	宗教信仰及其与语言的关系	完全使用母语	较多使用母语	使用不多	较少使用	不用母语
	语言使用者跨族通婚态度	反对	不支持	无所谓	支持	鼓励
使用域	塔吉克语在家庭内部使用情况	几乎所有家庭都只使用塔吉克语	大多数家庭使用塔吉克语，少数使用其他语言	塔吉克语和其他语言交替使用，使用机会差不多，或者其他语言使用较多	少数家庭使用塔吉克语，大多数使用其他语言	个别家庭偶尔使用塔吉克语
	塔吉克语在日常交际中的使用情况	几乎所有人都使用塔吉克语交际	大多数人使用塔吉克语交际	半数人使用塔吉克语交际	少数人使用塔吉克语交际	偶尔有人使用塔吉克语交际
	塔吉克语在广播、电视和网络媒体的使用情况	在省级广播、电视、网络中使用塔吉克语	在网络和自治县媒体有塔吉克语频道、节目和网站	有定期的塔吉克语节目和一些网站	偶尔有塔吉克语节目和有较少的塔吉克语网站	无塔吉克语节目和网站
	塔吉克语在商贸活动中的使用情况	在商贸场合经常使用	在商贸场合使用较多	在商贸活动中使用不多	在商贸活动中使用较少	不使用
	塔吉克语在行政领域的使用情况	自治县内行政事务都使用塔吉克语	自治县内部分行政事务使用塔吉克语	自治县内乡镇行政事务使用塔吉克语	自治县内行政事务较少使用塔吉克语	各级行政事务都不使用塔吉克语
	塔吉克语在传统民俗活动和仪式用语	所有活动经常使用塔吉克语	大多数活动使用塔吉克语	少数活动使用塔吉克语	个别活动使用塔吉克语	基本上不使用或者零星使用塔吉克语

续表

一级指标	二级指标	评分等级				
		最佳（80～100分）	良好（60～80分）	一般（40～60分）	较差（20～40分）	差（0～20分）
语言产品	塔吉克语教学类产品的数量和使用范围	有充足的教学资料、工具书、教学音像产品	有部分数量的教学资源、工具书、教学音像等产品	有少量的教学资源、工具书、教学音像等产品	几乎没有教学资源、工具书、教学音像等产品	完全没有任何教学相关产品
	塔吉克语文化生活类产品数量与读者范围	有大量塔吉克语读物、音像等产品	有部分塔吉克语读物、音像等产品	有少量的塔吉克语读物、音像等产品	几乎没有塔吉克语读物、音像等产品	完全没有塔吉克语相关产品
	塔吉克语研究类产品的数量与质量	有大量研究著作和研究成果	有若干研究著作和研究成果	有少量研究著作和研究论文	无研究著作，有少量研究论文	只有零星论文
语言能力	塔吉克族单语或单方言人的比重	几乎所有塔吉克人都是单语人	单语、单方言人占大多数	少量单语人，大多数是双语、多语人	个别单语、单方言人	没有单语、单方言人
	塔吉克族双语或多语人的比重及熟练情况	几乎所有双语人母语水平都高于其他语言	大多数双语人母语水平高于其他语言	双语人各语言水平相当	个别双语人母语水平高于其他语言	大多数双语人其他语言水平好于母语

（四）评价计算模型——赋权综合评价模型

1.塔吉克族母语生态总体评价计算模型。在完成对指标的无量纲化和确定指标权重后，利用下式计算赋权综合评价值 R。

$$R = \sum_{j=13}^{m}\left[\sum_{i=1}^{n}A_{ij}B_{ij}\right]C_j ^{①}$$

其中，R 为总得分，A_{ij} 为第 j 个一级指标中第 i 项单项二级指标的分值，

---

① 肖自辉、范俊军：《语言生态的监测与评估指标体系——生态语言学应用研究》，《语言科学》2011 年第 3 期。

B_{ij} 为第 j 个一级指标中第 i 项单项指标的权重，C_j 为第 j 个一级指标的权重，n 为第 j 项指标中具体指标的个数，本模型取 33。m 为一级指标（准则层因子）的个数，本模型取 13。

根据计算出的 R 值，对照综合值 R 的分级标准，确定评价级别。

2. 塔吉克族母语的脆弱性、敏感性和协调性评价计算模型。根据塔吉克族母语生态评价指标的类型（脆弱性评价、敏感性评价、协调性评价），能够更清楚地了解到塔吉克族母语生态在不同生态评价类型中的得分状况。可以利用下式计算分项评价值 r。

$$r = \left(\sum_{p=3}^{m} A_{ip} B_{ip} \right) / \left(\sum_{p=3}^{m} 100 B_{ip} \right)$$

其中，r 为评价分项（脆弱性、敏感性、协调性）得分，A_{ip} 为第 p 个分项指标中第 i 项单项二级指标的分值，B_{ip} 为第 p 个分项指标中第 i 项单项指标的权重；100 为分项指标中第 i 项最高分。

（五）塔吉克族母语生态状况评价准则

根据计算出的 R 和 r 的值，将塔吉克族母语生态状况评价，及脆弱性评价、敏感性评价、协调性评价三种评价类型分为五级，分级标准见表6-10、表6-11所示：

表6-10 塔吉克族母语生态评分标准

分级	最佳	良好	一般	较差	差
R 得分	80～100分	60～80分	40～60分	20～40分	0～20分
塔吉克族母语生态状况评价	语言生态环境各方面有利于语言资源的可持续发展，语言资源能够得到充分开发和利用	语言生态环境满足语言资源的持续生存，语言资源能够得到一定程度的开发和利用	语言生态环境能使语言资源继续生存，但缺乏语言发展的条件，语言资源利用较为有限	语言生态环境勉强使语言资源生存，但持续生存因素不足，语言资源使用很有限	语言生态环境不利于语言资源的生存，语言资源不断萎缩甚至消亡，语言资源几乎没有利用，语言濒危

表 6-11　塔吉克语生态类型评分标准

评价域	最佳	良好	一般	较差	差
r 得分	0.8～1.0 分	0.6～0.8 分	0.4～0.6 分	0.2～0.4 分	0～0.2 分
脆弱性评价	塔吉克语生态系统脆弱性评价因子状况极佳	塔吉克语生态系统脆弱性评价因子状况良好	塔吉克语生态系统脆弱性评价因子状况一般	塔吉克语生态系统脆弱性评价因子状况较差	塔吉克语生态系统脆弱性评价因子状况很差
敏感性评价	塔吉克语生态系统敏感性评价因子状况极佳	塔吉克语生态系统敏感性评价因子状况良好	塔吉克语生态系统敏感性评价因子状况一般	塔吉克语生态系统敏感性评价因子状况较差	塔吉克语生态系统敏感性评价因子状况很差
协调性评价	塔吉克语生态系统协调性评价因子状况极佳	塔吉克语生态系统协调性评价因子状况良好	塔吉克语生态系统协调性评价因子状况一般	塔吉克语生态系统协调性评价因子状况较差	塔吉克语生态系统协调性评价因子状况很差

第二节　塔吉克族母语生态评价体系的运行

塔吉克族母语评价体系虽然结合了生态语言学的先行理论以及学者们实际研究积累的经验，但是在体系建立后还需要在实际的监测评价中验证。为避免评价验证过于主观而导致科学性欠缺，在实践中需要大量实证数据来支撑评价结果。这些数据既有文献资料，也有问卷统计数据。通过这些数据支持才能使最终获取的结果更加地科学和可信。

一、塔吉克语生态评价指标的数据采集

评价指标的数据采集是先行工作，在实施调查前需要先编制调查目录和详单，根据目录（图 6-1）进行各项调查，以确保数据完整、系统。

二、塔吉克语的生态评价过程

（一）塔吉克语生态整体状况评价

根据前文的描述及分析，可对塔吉克语的生态状况有一定了解，结合每个评价指标分级评价的描述，可以给塔吉克语的生态指标做以下评分，表中文字加粗项为塔吉克语各生态指标的评分情况（表 6-12）：

图 6-1　塔吉克语生态评价指标的数据采集内容

表6-12 塔吉克族母语生态指标评价得分情况一览表

一级指标	二级指标	评分等级				
		最佳 （80～100分）	良好 （60～80分）	一般 （40～60分）	较差 （20～40分）	差 （0～20分）
语言结构	语音系统的稳定程度	音位系统稳定，有整合外来语音的能力	**音位系统基本稳定，有整合外来语音的能力，但个别音发生变化**	音位系统不够稳定，整合能力较弱，有较多外来语音成分进入音系	音位系统不稳定，外来语音成分占优势	音位系统与强势语言基本相同，偶尔出现特有语音
	词汇系统的稳定程度	核心词稳定，很少使用外来词	**核心词基本稳定，外来词数量不多**	核心词不够稳定，外来词数量较多	核心词只有少量是固有词	仅有个别核心词存在
	语法系统的稳定程度	语法系统稳定，有整合外来语法形式的能力	**语法系统基本稳定，有一定的整合外来语法形式的能力，出现一些外来语法和固有语法并用情况**	语法系统不够稳定，整合外来语法形式能力较弱。外来语法形式占优势。个别固有语法形式趋于消失	语法系统不稳定，外来语法形式占绝对优势，固有语法形式趋于消失	语法形式基本同于强势语言，偶尔有固有语法结构出现
语言标准化程度	语言内部方言差异	语言规范，没有方言差异	**语言较规范，方言差异小**	语言不太规范，方言差异较大	语言不规范，方言差异很大	语言很不规范，方言间无法沟通
	文字系统或书面语使用和规范情况	有通行文字和书面语，且语言文字规范程度高，有科学合理正字法	通行文字和书面语比较完善，语言文字较规范，有正字法	有通行文字和书面语，没有语言规范和正字法	没有规范的文字和书面语	**没有文字系统**
地理	塔吉克族的聚居程度	有若干个民族区域自治地方	**有一个自治州或自治县的民族区域自治地方**	有若干个民族乡，且大多相邻	有一个或若干个民族乡，但不相邻	仅有个别零散分布民族聚居村或居住点，且多数杂居

续表

一级指标	二级指标	评分等级				
		最佳 （80～100分）	良好 （60～80分）	一般 （40～60分）	较差 （20～40分）	差 （0～20分）
地理	塔吉克族聚居区的地理开放度	*母语人大多居住在偏远地区，地域较封闭，无公共交通*	母语人大多居住在自治县、乡村，交通不便，开放度低	母语人大多居住在城市远处的县、乡村，交通不够便利，开放度较低	母语人大多住在城市近郊，交通便利，对外交往频繁，开放度较高	母语人大多居住在城市或集镇，交通发达，对外开放度高
语言政策和语言态度	各级政府语言政策和语言规划的完善程度	国家、省级、县级政府语言政策明确，语言规划科学。适于语言可持续发展	省级、县级语言政策较为明确，有科学的语言规划，制定和执行保护语言发展政策措施	自治县语言政策明确，语言规划可行性高，有明确语言保护措施	*自治县语言保护政策执行不力，无明确语言发展规划，没有具体语言保护措施*	对少数民族语言放任自流，无任何政策措施
	塔吉克族内部的语言态度	所有塔吉克人都重视母语传承和发展	*大多数塔吉克人支持母语保持和传承*	部分塔吉克人支持母语保持和传承	少数塔吉克人支持母语保持和传承	几乎所有塔吉克人态度消极
经济	塔吉克族聚居区的经济实力	经济发展势头好，对周边有辐射作用，人民生活水平高	经济发展趋势较好，居民生活水平较高	经济发展规模不大，居民生活水平中等偏下	*经济发展规模小，发展趋势不好，大部分居民贫困*	经济难以自给，主要靠政府救济
	塔吉克族聚居区的经济产业类型	*几乎所有人在本地区从事农牧业*	大多数人从事农牧业，少数人从事商业等	半数人从事传统农牧业，大多数人外出或从事其他产业	少数人从事农牧业，大多数人外出或从事其他产业	很少或没有人从事农牧业，几乎都外出或从事其他产业
教育	以塔吉克语为教学用语的初级学校数量	所有学校	大部分学校	半数学校	较少学校	**没有**

续表

一级指标	二级指标	评分等级				
		最佳 （80～100分）	良好 （60～80分）	一般 （40～60分）	较差 （20～40分）	差 （0～20分）
教育	设置了塔吉克语课程的学校或机构数量	所有学校	大部分学校	半数学校	较少学校	**没有**
语言生态格局	相邻语言的势力	周边语言种类单一，势力较弱	周边有多种语言，势力较弱	周边语言种类多，势力与塔吉克语相当	周边语言个别较为强势	**周边语言普遍强势**
	塔吉克语跨境状况	**在境外多个国家和地区有分布，且有区域官方地位**	在境外多个国家地区有分布，无区域官方地位	在境外多个国家地区分布，认同度较高	在境外有小范围、零星分布	在境外没有分布
人口	塔吉克族人口数	6.2万～12.5万	**1.3万～6.2万**	0.13万～1.3万	0.01万～0.13万	少于0.01万
	使用塔吉克语者占总人口的比重	5万＜语言使用人口≤10万	**1万＜语言使用人口≤5万**	0.1万＜语言使用人口≤1万	0.01万＜语言使用人口≤0.1万	语言使用人口≤0.01万
	青少年使用塔吉克语人口的比重	**青少年使用人口＞80%**	60%＜青少年使用人口≤80%	30%＜青少年使用人口≤60%	10%＜青少年使用人口≤30%	青少年使用人口≤10%
	塔吉克族人口的增减趋势	**人口增长＞10%**	5%＜人口增长≤10%	1%＜人口增长≤5%	0%＜人口增长≤1%	人口增长≤0%

续表

一级指标	二级指标	评分等级				
		最佳 (80～100分)	良好 (60～80分)	一般 (40～60分)	较差 (20～40分)	差 (0～20分)
文化	文化习俗和传统仪式稳定性	**优秀传统文化丰富、稳定**	优秀传统文化较丰富，比较稳定	优秀传统文化受周边文化影响，变化大	优秀传统文化受影响，与周边民族差别很小	优秀传统文化丢失
	宗教信仰及其与语言的关系	完全使用母语	**较多使用母语**	使用不多	较少使用	不用母语
	语言使用者跨族通婚态度	**反对**	不支持	无所谓	支持	鼓励
使用域	塔吉克语在家庭内部使用情况	几乎所有家庭都只使用塔吉克语	**大多数家庭使用塔吉克语，少数使用其他语言**	塔吉克语和其他语言交替使用，使用机会差不多，或者其他语言使用较多	少数家庭使用塔吉克语，大多数使用其他语言	个别家庭偶尔使用塔吉克语
	塔吉克语在日常交际中的使用情况	几乎所有人都使用塔吉克语交际	**大多数人使用塔吉克语交际**	半数人使用塔吉克语交际	少数人使用塔吉克语交际	偶尔有人使用塔吉克语交际
	塔吉克语在广播、电视和网络媒体的使用情况	在省级广播、电视、网络中使用塔吉克语	在网络和自治县媒体有塔吉克语频道、节目和网站	有定期的塔吉克语节目和一些网站	偶尔有塔吉克语节目和有较少的塔吉克语网站	**无塔吉克语节目和网站**

续表

一级指标	二级指标	评分等级				
		最佳 （80～100分）	良好 （60～80分）	一般 （40～60分）	较差 （20～40分）	差 （0～20分）
使用域	塔吉克语在商贸活动中的使用情况	在商贸场合经常使用	在商贸场合使用较多	在商贸活动中使用不多	**在商贸活动中使用较少**	不使用
	塔吉克语在行政领域的使用情况	自治县内行政事务都使用塔吉克语	自治县内部分行政事务使用塔吉克语	自治县内乡镇行政事务使用塔吉克语	**自治县内行政事务较少使用塔吉克语**	各级行政事务都不使用塔吉克语
	塔吉克语在传统民俗活动和仪式用语	**所有活动经常使用塔吉克语**	多数活动使用塔吉克语	少数活动使用塔吉克语	个别活动使用塔吉克语	基本上不使用或者零星使用塔吉克语
语言产品	塔吉克语教学类产品的数量和使用范围	有充足的教学资料、工具书、教学音像产品	有部分数量的教学资源、工具书、教学音像等产品	有少量的教学资源、工具书、教学音像等产品	**几乎没有教学资源、工具书、教学音像等产品**	完全没有任何教学相关产品
	塔吉克语文化生活类产品数量与读者范围	有大量塔吉克语读物、音像等产品	有部分塔吉克语读物、音像等产品	有少量的塔吉克语读物、音像等产品	几乎没有塔吉克语读物、音像等产品	**完全没有塔吉克语相关产品**
	塔吉克语研究类产品的数量与质量	有大量研究著作和研究成果	有若干种研究著作和研究成果	**有少量研究著作和研究论文**	无研究著作，有少量研究论文	只有零星论文

续表

一级指标	二级指标	评分等级				
		最佳 （80～100分）	良好 （60～80分）	一般 （40～60分）	较差 （20～40分）	差 （0～20分）
语言能力	塔吉克族单语或单方言人的比重	几乎所有塔吉克人都是单语人	单语、单方言人占大多数	**少量单语人，大多数是双语、多语人**	个别单语、单方言人	没有单语、单方言人
	塔吉克族双语或多语人的比重及熟练情况	几乎所有双语人母语水平都高于其他语言	大多数双语人母语水平高于其他语言	双语人各语言水平相当	个别双语人母语水平高于其他语言	**大多数双语人其他语言水平好于母语**

结合前文的评价指标分级权重值，计算出塔吉克语生态评价指标的分值（表6-13）。

表6-13 塔吉克族母语生态评价指标分值表

评价要素	分值	权重	二级指标	分值	权重
语言结构	4.31分	0.0539	塔吉克语语音系统的稳定程度	80分	0.4271
			塔吉克语词汇系统的稳定程度	80分	0.2552
			塔吉克语语法系统的稳定程度	80分	0.3177
语言标准化程度	3.36分	0.0662	塔吉克语语言内部差异	80分	0.5127
			塔吉克语文字系统或书面语使用和规范情况	20分	0.4873
地理	6.34分	0.0793	塔吉克族的聚居程度	80分	0.6094
			塔吉克族聚居区的地理开放度	80分	0.3906
语言政策语言态度	6.38分	0.1001	各级政府语言政策和语言规划的完善程度	40分	0.4062
			塔吉克族内部的语言态度	80分	0.5938
经济	5.56分	0.0931	塔吉克族聚居区的经济实力	40分	0.6719
			塔吉克族聚居区的经济产业类型	100分	0.3281
教育	2.02分	0.1008	以塔吉克语为教学用语的初级学校数量	20分	0.7344
			设置了塔吉克语课程的学校或机构数量	20分	0.2656
语言生态格局	3.47分	0.0730	相邻语言的势力	20分	0.6563
			塔吉克语跨境状况	100分	0.3437

续表

评价要素	分值	权重	二级指标	分值	权重
人口	9.88 分	0.1091	塔吉克族人口数	80 分	0.2412
			塔吉克语使用者占总人口的比重	80 分	0.2308
			使用塔吉克语的青少年人口的比重	100 分	0.2829
			塔吉克族人口的增减趋势	100 分	0.2451
文化	7.36 分	0.0787	文化习俗和传统仪式稳定性	100 分	0.3125
			宗教信仰及其与语言的关系	80 分	0.3229
			语言使用者跨族通婚态度	100 分	0.3646
使用域	5.47 分	0.0921	塔吉克语在家庭内部使用情况	80 分	0.1844
			塔吉克语在日常交际中的使用情况	80 分	0.2042
			塔吉克语在广播、电视和网络媒体的使用情况	20 分	0.1760
			塔吉克语在商贸活动中的使用情况	40 分	0.1646
			塔吉克语在行政领域的使用情况	40 分	0.1479
			塔吉克语在传统民俗活动和仪式用语	100 分	0.1229
语言产品	2.45 分	0.0685	塔吉克语教学类产品的数量和使用范围	40 分	0.3854
			文化生活类塔吉克语产品数量与读者范围	20 分	0.4115
			塔吉克语研究类产品的数量与质量	60 分	0.2031
语言能力	3.20 分	0.0852	塔吉克族单语或单方言人的比重	60 分	0.6250
			塔吉克族双语或多语人的比重及熟练情况	20 分	0.3750

根据计算模型：

$$R = \sum_{j=13}^{m} \left[\sum_{i=1}^{n} A_{ij} B_{ij} \right] C_j$$

计算得出塔吉克族母语生态最终评价分值：$R=59.80$，对照塔吉克语生态评分标准等级，在 40 ～ 60 分的区间，属于语言生态状况中的"一般"。但 59.80 分和 60 分没有实质性的差别，只表明塔吉克语生态发展处于中等水平。

（二）塔吉克族母语生态类型评价

根据上述整体评价计算结果，结合塔吉克族母语生态类型的脆弱性评价、协调性评价和敏感性评价模型：

$$r = \left(\sum_{p=3}^{m} A_{ip} B_{ip} \right) \bigg/ \left(\sum_{p=3}^{m} 100 B_{ip} \right)$$

将实际评价指标得分与评价指标最佳状态得分进行比较，分别得到三种评

价类型 r 的值（表 6-14）：

表 6-14　塔吉克族母语生态类型评价情况

评价类型	分值	评价等级
脆弱性评价	0.65 分	良好
协调性评价	0.54 分	一般
敏感性评价	0.63 分	良好

三、评价结果及分析

（一）塔吉克语生态评价的结果

通过塔吉克语语言生态评价体系的运行得出：

1. 塔吉克语生态整体状况评价得分为 59.80 分，处于"语言生态环境能使语言资源继续生存，但缺乏语言发展的条件，语言资源的利用较为有限"的评价区间。

2. 三种类型的生态评价结果也分别处于"良好、一般、良好"级别。从评价结果来说，塔吉克语的生态脆弱性因素属于适合塔吉克语自身继续存在和发展的内部特征；塔吉克语也具有一定的自恢复能力，仍然能够在生存中获得发展的机会，这基本符合塔吉克语的实际情况。协调性因素中，塔吉克语处于"一般"级别，说明塔吉克语的协调性有待提高，塔吉克语内外部生态系统之间存在不协调因素。塔吉克语生态敏感性处于第二级，说明塔吉克语的生态环境在一定时期内处于基本能够维持生存的状态。

（二）塔吉克语生态评价分析

上述评价结果能够反映出中国塔吉克族母语生态的特征，表现在以下几个方面。

1. 塔吉克语生态系统内部结构较为稳定。中国塔吉克族使用的塔吉克语是一种较为古老的语言，由于其社会经济发展速度不是很快，为语言的保持创造了良好条件，所以塔吉克语一直保持较为古朴的状态。塔吉克语中保留了中亚塞语、粟特语、吐火罗语等古代语言的成分，甚至有专家称色勒库尔塔吉克语是"活着的塞语"。[①] 近现代的塔吉克语又较多地吸收了维吾尔语、英语、俄语、汉语等多种语言的词汇。因其语法系统的自修复能力较强，导致中国塔吉克语的语

---

① 西仁·库尔班、阿布都许库尔·肉孜、高雪编著《中国塔吉克族》，宁夏人民出版社，2012，第 62 页。

言系统在历史演化中不仅没有发生太大改变，反而在不断地接触演化中大大增强塔吉克语本身的活力和适应能力，使其保存至今。虽然塔吉克语没有文字系统，但其在生态位上具有很强的活力。

2. 地理环境、交通状况利于语言生态的保持。帕米尔高原地带，沟壑纵横，山高路险，交通不便，一定程度上阻碍了经济文化的交流。加之海上丝绸之路开通，一度繁荣的陆上丝绸之路要塞的热度逐渐冷却。调查发现，至今在塔县深处的很多乡村的交通出行仍极其困难，且冬有风雪、夏有山洪，使很多地方交流闭塞、来往艰难，有很多人终其一生也未曾走出山谷。但这样的环境却为保持语言的古朴状态创造了条件，如位于县城东北方的大同乡就属于此类情况。此种环境也导致课题组未能前往大同乡开展调查，后续研究仍需继续充实这一区域的数据，以更加全面客观地反映中国塔吉克语的语言生态面貌。

3. 塔吉克人语言忠诚度高，语言态度普遍坚定。调查发现，塔吉克族群众的母语忠诚度普遍较高，母语使用和传承意识很强。接近100%的塔吉克族受访者都支持使用母语和接受母语教育。实际上塔吉克族正式的学校教育自20世纪30年代建立以来，由于客观条件限制，在进行基础教育的过程中，学校的教育系统从来没有过塔吉克语的相关内容，一直使用维吾尔语教学。直到20世纪八九十年代才有了维吾尔语和汉语的双语教育。尽管是这样的状态，塔吉克语在家庭使用域里仍然具有极强的活力。虽然塔吉克族在语言能力上有衰退趋势，但塔吉克族群众的语言自觉意识却有增无减。在调查中甚至有祖辈已转用维吾尔语的青年受访者，依然为回归本民族群体而来到塔县就业，并学习塔吉克语。塔吉克族学者们创制塔吉克语文字的努力也从未停止过，且2014年塔县人民政府宣传栏和县电视台出现了拉丁字母塔吉克文的学习材料。

4. 文化传承和保护较好，家庭使用域较稳定。塔吉克族传统节日丰富，传统的引水节、皮里克节等节日庆典隆重热烈；婚丧习俗古朴传统；民族婚姻意识保守。这些状况一方面保持了民族血统的纯正，更重要的是使语言能够保持良好的状态，因此，塔吉克族在家庭生活中使用塔吉克语的情况几乎是无一例外的。调查数据显示，在家庭域中90%以上的受访者选择使用母语进行交流。

综上所述，塔吉克语的内外环境生态中具有一些利于语言生存和发展的条件，使塔吉克语在整体上保持一定的活力。塔吉克族虽然是人口较少民族，但其语言状况保持良好。

第七章

影响塔吉克族母语生态和谐发展的因素分析

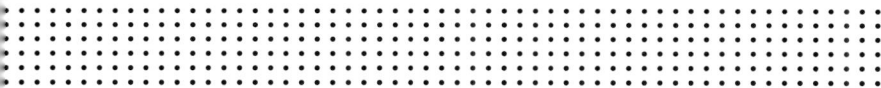

　　语言生态演化面临的挑战因不同的语言生态状况而产生差别，因此，为能更有效地保护语言生态环境，建设和谐语言生态，共建美好生活的精神家园，铸牢中华民族共同体意识，首先要分析对和谐语言生态发展和铸牢中华民族共同体意识造成影响和制约的因素。本章主要讨论影响塔吉克族母语生态和谐发展及塔吉克族聚居区和谐语言生活的因素。本书基于生态系统稳定性（SRP）概念模型[①]的内涵将这些因素归结为语言生态的敏感性因素、脆弱性因素和协调性因素。

　　SRP 模型是自然地理领域基于生态环境脆弱性定义，集自然、人文及生态系统内部变化因素于一体而构建的生态评价指标体系模型。该模型包括三个因子：生态敏感性、生态恢复力和生态压力度。该模型是基于生态系统稳定性的内涵而构建的，其结构较全面地体现了生态脆弱性的综合方面。[②]

第一节　制约塔吉克族母语发展的脆弱性因素和敏感性因素

　　塔吉克语语言生态环境的脆弱性和敏感性是指塔吉克语在其语言生态环境中，在外部生态系统影响下所表现出的敏感程度和自恢复能力。语言内部生态系统的变化最初受到外部因素的影响，语言系统的脆弱性因素和敏感性因素反映了语言生态系统在生态变迁中可能出现生态危机的区域及其抵御语言外部生态环境影响的能力。

　　在对塔吉克语语言生态的脆弱性和敏感性进行评价的过程中，可以看到塔吉克语内部结构具有一定的自恢复能力；塔吉克族虽然人口基数不大，但聚居程度高，且青少年对作为母语的塔吉克语的认同程度和使用率高；塔吉克族重视继承优秀传统文化，有利于其母语的保持。这使塔吉克语在传承中具有一定的有利因素，但也存在一些制约塔吉克语发展的不利因素。

一、塔吉克语语言内部系统不够规范，没有书面文字系统

　　文字作为语言的书写符号，是人们交际的书面工具，是保存和传承文明的手段；文字还是特定历史时期的一种文化现象，在成为发展民族文化工具的同

---

① 刘正佳、于兴修、李蕾、黄玫：《基于 SRP 概念模型的沂蒙山区生态环境脆弱性评价》，《应用生态学报》2011 年第 8 期。
② 柳新伟、周厚诚、李萍、彭少麟：《生态系统稳定性定义剖析》，《生态学报》2004 年第 11 期。

时，书面文字本身也成为民族文化的一部分。因此，民族文字在民族文化教育中的作用巨大，它能提高儿童获取文化信息的效率。研究显示，在我国55个少数民族中，有文字的民族与没有文字的民族相比，其文盲比例相对要低。[①] 这就是文字的一个显著功能，文字在民族语文的生存与发展中占有举足轻重的地位。塔吉克族文明历史悠久，在历史长河中，塔吉克族创造了优秀的文化。《大唐西域记》《新唐书》以及一些出土文书均对其有记载。学术界认为，中国塔吉克族语言与古代生活在帕米尔高原的塞人的语言同属印欧语系东伊朗语族。在色勒库尔塔吉克语中至今保留有中亚塞语、粟特语和吐火罗语等古代语言的成分。[②] 塔吉克语发展到现在仍然保存有大部分原有词汇和语法结构，同时又受到突厥语，尤其是维吾尔语的很大影响。[③]

　　塔吉克族日常使用的色勒库尔塔吉克语和瓦罕塔吉克语是两个相近的方言，也是自古以来没有文字记述的语言。历史上，中国塔吉克族在使用上述两种方言的同时，也使用过世界塔吉克族共同使用的书面语[④]，并在学校教育和书面往来中使用与推广。但自1934年新疆省政府在新疆开展新文化促进运动后未能延续下来。[⑤] 塔吉克语承载了大量塔吉克族先民创造的文明信息，古籍文献内容丰富，广为流传，这是塔吉克语保持活力的原因之一。但也应清楚地认识到，塔吉克语由于文字符号系统缺失，语言内部语音系统不规范。如色勒库尔塔吉克语内部存在土语差别（大同土语、瓦尔希迭土语等），塔吉克族学者在研究中归纳的音系不一致以及塔吉克语、维吾尔语语言混用等现象，较深程度地影响了塔吉克语的保持及传承，影响塔吉克族的学前教育发展水平。若不能处理好汉语、塔吉克语和维吾尔语的关系，则可能会影响塔吉克族地区经济社会的和谐发展。

二、塔吉克语使用域不够宽广，媒体、商贸和行政领域活力低

　　塔吉克语与其特定生态环境的整合成为塔吉克语的生态位。衡量语言生态

---

① 国家民族事务委员会文化宣传司编《构建多语和谐的社会语言生活》，民族出版社，2009，第75-76页。

② 西仁·库尔班、阿布都许库尔·肉孜、高雪：《中国塔吉克族》，宁夏人民出版社，2012，第62页。

③《塔吉克族简史》编写组、《塔吉克族简史》修订本编写组编《塔吉克族简史》，民族出版社，2008，第20页。

④ 在伊朗称其为波斯语，在阿富汗称其为达里语，在塔吉克斯坦和中亚其他地区称其为塔吉克语。

⑤ 国家民族事务委员会全国少数民族古籍整理研究室：《中国少数民族古籍总目提要·塔吉克族卷》，中国大百科全书出版社，2011，第5页。

位的标准不在于系统性，而在于语言或语言成分在一定环境条件下的时空分布状况，分布在共同时空的语言或语言成分，处于同一生态位。具有相同生态位的语言或语言成分，既可能竞争分化，也可能长期共处，还可能协同融合。[1]塔县自古就是陆上丝绸之路的重要通道，语言交流活跃，语言接触频繁。在近现代塔吉克语生态环境中，语言资源存在着多样化态势，塔吉克语、维吾尔语、汉语等语言或方言的生态位也存在着差异，这种差异表现在语言功能的层次性和使用域的宽广性。

首先，从语言功能的层次性上看，现代汉语作为国家通用语言，其功能级处于最高级；维吾尔语作为区域通用语言，级别稍低；塔吉克语属于地方通用语言，处于生态位功能层级的基层。若具体到塔吉克族生活地区的语言生态位层级上，各语言间的生态功能层次及生态位会发生相应的变化，各种语言占据的生态位出现竞争和分化。塔吉克语处于基层功能级，但因处于塔吉克族聚居区域，故而功能更加强大；维吾尔语作为区域强势语言，在塔吉克族地区的功能仅次于塔吉克族母语；汉语随着普通话教学开展效果的增益，以及经济社会交往的日益密切，在塔吉克族聚居地区，其生态功能优势日趋凸显，普通话推广工作成效也越发显著，生态位快速上升，在青少年中表现尤其明显。

其次，从语言使用域的宽广性上看，塔吉克语的语言使用场景受到诸多因素制约。塔吉克语由于缺少文字符号系统，因此只能作为一种口头语言系统，无法落实到书面。这大大降低了塔吉克语在各使用域中的活力，且塔吉克语存在方言差异，因此仅被应用到家庭域和社区域中。塔吉克语在行政、媒体、教育和商贸等领域的使用极少甚至没有使用，语言活力严重不足。这在黄行的《中国少数民族语言活力研究》中亦有论证，书中指出：语言活力是具体语言群体的语言能力和语言运用的不同存在状况和发展水平。据此指标体系，本研究对塔吉克语的语言活力进行评价，得到如下结果（表7-1）。

表7-1　黄行"塔吉克语语言活力综合评价结果"[2]

语言	合计	行政	立法	司法	教育	出版	媒体	文艺	宗教	经济	信息
塔吉克语	9.59	3.34	0	1.00	0	0	0	0	4.00	1.25	0

从塔吉克语的活力程度可知，塔吉克语在行政领域活力较低，其现有活力值也仅限于在基层行政工作开展中的口头交流层面；在教育和媒体等领域的活

[1] 李国正：《语言新论》，《厦门大学学报（哲学社会科学版）》，1992年第2期。
[2] 黄行：《中国少数民族语言活力研究》，中央民族大学出版社，2000，第166页。

力值均为 0。这与本书的评价结果一致，评价结果显示塔吉克语的使用域较为狭窄。

三、塔吉克语研究工作有较大提升空间

中华人民共和国成立以来，中国塔吉克语的研究主要集中于两个领域，一是语言本体研究，二是语言认知和接触研究。语言本体研究主要集中于 20 世纪八九十年代，成果较少，大多是高尔锵的研究成果；此外还有西仁·库尔班的 1 篇作品，成果较少。近年来，已有学者开始关注并开展研究，但研究的深度和广度仍有待加强。具体情况在绪论中已有叙述，此处不再赘述。

四、塔吉克语语言资源保护和开发受限

语言资源具有不可再生性，语言资源的枯竭趋势是随着母语人使用能力的衰退开始出现。母语能力的退化表现在母语单语人口数量减少、双语人数增加、语言转用增多，以及母语听说能力下降。前文对塔吉克语使用情况所做的叙述和分析发现，随着经济开放度的提高，社会发展迅速加快，普通话推广工作稳步推进，基础教育水平提高和义务教育普及率提高，塔吉克族青少年受教育范围扩大。这种趋势使活力有限的塔吉克语的学习和使用空间进一步被压缩，表现出青年人母语水平明显低于中老年人的状况，且随着地区开放度的增加，这种趋势会成为语言生态演化的趋势。如果不及时采取有效措施对塔吉克语加以保护和开发，塔吉克语资源将可能枯竭且不可修复。

第二节　影响塔吉克族母语生态协调发展的因素

语言生态系统各子系统之间是相互影响的，各子系统构成其母系统下不可分割的统一整体。从整体分析的角度，语言生态外部系统和内部系统的各子系统之间呈相互关联且复杂的网络拓扑结构（图 7-1）。

对于资源有限的语言系统，人们无法使所有的语言资源都得到最充分的利用。因此，在对各子系统生态和谐满足程度进行分析时，不可忽略各子系统生态因素之间的相互关联。本节将这种语言生态子系统之间在发展演化过程中保持的协调关系称为语言系统协调性，将影响语言生态系统和谐的因素称为协调性因素。[①] 在塔吉克语的生态系统中，脆弱性、敏感性和协调性评价系统之间也是这

---

① 贺涛、杨志峰、崔保山、赵翔：《流域生态用水分配的协调性评价研究》，《中国人口·资源与环境》2006 年第 1 期。

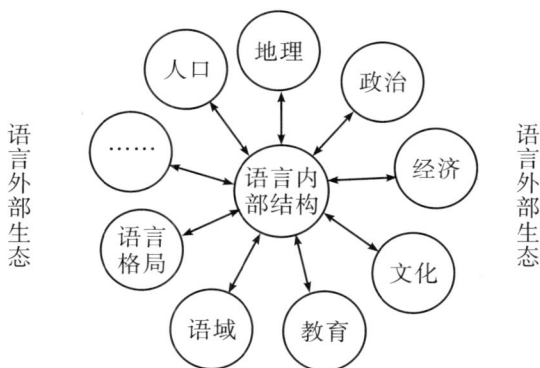

图 7-1　语言生态系统网络关系

样的网络拓扑结构，塔吉克语能否持续协调发展，有赖于各子系统之间及各子系统内部各个语言生态指标之间的协调性。前文的评价结果显示，在塔吉克语的生态系统中，存在着影响塔吉克语语言资源协调发展的制约因素，体现在以下五个方面。

一、塔吉克族自身发展能力不足，缺乏保护塔吉克语的有力法规

《中华人民共和国宪法》《中华人民共和国国家通用语言文字法》《中华人民共和国民族区域自治法》均有保障少数民族各项权利的内容。2001 年修订后的《中华人民共和国民族区域自治法》明确规定民族自治地方的自治机关应当根据当地实际情况和当地民族的政治、经济和文化特点来行使立法权和行政权，制定自治条例和单行条例。自治条例和单行条例的制定可变通法律和行政法规的规定，在本自治地方予以适用，但不得违背法律或者行政法规的基本原则。在中国的 155个民族自治地方中，有 135 个制定了自治条例或单行条例。而新疆的 11 个自治地方均未制定相关的自治条例及单行条例。[①] 尽管新疆维吾尔自治区制定了相关的语言文字工作条例，但是塔吉克语仅是地方通用语言，其语言资源很难得到充分保护，且塔县也没有制定单行自治条例。长期以来，地理位置偏僻、自然环境较为恶劣等诸多因素使塔县的经济落后于周边地区，更落后于内地发达地区。经济不发达导致人民生活水平不高，教育发展不充分。据统计，截至 2012 年底，

---

① 马丽雅·伦德贝里：《中国的民族区域自治与少数民族语言权利》，载李红杰、马丽雅主编《少数民族语言使用与文化发展：政策和法律的国际比较》，中央民族大学出版社，2008，第 71-72 页。

塔吉克族的每万人在校生情况如表 7-2 所示。截至 2012 年，塔县各类专业技术人员有 985 人，其中具有中级资格证书以上的仅有 198 人。[①] 因此，其人才结构很难发挥出高水平人才对社会经济、政治、文化发展的促进作用；行使民主权利的素养水平不高，制约了塔吉克族自身对优秀传统文化资源的保护和开发能力，保护的力度和法规也难以跟进。由于缺乏具有地方特点的语言资源保护和发展单行条例，塔县很难实现对塔吉克语言资源的有效保护和开发。没有因地制宜的政策与措施，塔吉克语的协调性保护发展难以为继。

表 7-2　塔吉克族 6 岁以上人口受教育程度[②]

单位：人

	合计	未上过学	小学	初中	高中	大学专科	大学本科	研究生
人数	45716	1601	22758	13707	4137	2979	519	15

另外，调查发现，虽然各级民族宗教事务部门设有语言文字管理机构，但塔县的民族语文研究中心由于前述原因，很难发挥保护和开发本民族语言文字资源的作用。

二、交通不便制约发展，人口相对分散

塔县地区沟壑纵横，山高路险，地广人稀，人口密度仅为 0.75 人/千米^2。塔县的塔吉克族人口为 31264 人，其人口密度为 0.62 人/千米^2，处于一种相对居住较为集中，但整体居住较分散的状况（表 7-3）。

表 7-3　2011 年末塔县土地面积及人口情况[③]

户数	年末人口	平均每户人口	土地面积
1.13 万户	3.81 万人	3.37 人	50544.44 平方千米

截至 2005 年底，塔县境内有 314 国道和一条长 143.87 千米的省道；有 2 条全长 112.82 千米的县级公路；有 7 条全长 52.39 千米的乡道。全县 44 个行政村中有 15 个村未通公路，仅有牧道，且多数道路仅能季节性通行，多数时节机动车无法通行。塔县基础设施建设滞后，截至 2008 年底，全县仍有 18 个行政村

---

① 新疆维吾尔自治区地方志编纂委员会主编《新疆年鉴 2013》，新疆年鉴社，2013，第 421-422 页。

② 引自第六次全国人口普查数据。

③ 新疆维吾尔自治区统计局编《新疆统计年鉴 2012》，中国统计出版社，2012。

未通电，大多数村未通邮。①2022 年，随着中国最西端的机场、新疆首个高原机场——塔什库尔干红其拉甫机场正式通航，塔县落后的交通状况得到改善。这样的交通和人口居住状况造成塔吉克语的保持状况存在巨大差异，呈现出如下特点：一是母语保持状况好，如地理位置偏远的塔县大同乡、马尔洋乡母语保持状况较好；二是塔吉克语严重退化，紧邻周边具有强势语言的区域，如塔县库科西鲁格乡、阿克陶县塔尔塔吉克族乡的母语完全转用或基本退化；三是形成双语或多语格局，塔吉克族与周边聚居民族接触较多的地方，逐渐形成双语或多语格局，如县城周边和塔合曼乡（与科克亚尔柯尔克孜族乡相邻），多数人通晓塔吉克语、维吾尔语、汉语或者柯尔克孜语；四是语言接触造成语音发生变化，如塔吉克语色勒库尔方言由于地理上开放程度的差异和发生接触程度的不同，逐渐演化出东部土语和西部土语区。其元音音位由后向前转移，如［tuʤik］变为［taʤik］，其中的后高圆唇元音［u］，向前移动成为前低展唇元音［a］。还有很多语音和词汇受到维吾尔语的影响。

综上所述，交通不便一方面减少语言接触，保持了塔吉克语生态的原始状态，但另一方面也容易造成塔吉克语的区域差异，导致塔吉克语通用性变弱，这成为塔吉克族群体语言发展的不利因素。

三、经济结构活力不足，产业类型过于单一

长期以来，塔县的经济发展受到历史基础和自然环境的制约，发展缓慢。2012 年塔县生产总值 6.69 亿元，农、林、牧、副、渔及服务业总产值 1.94 亿元，其中农业 2604 万元、牧业 15844.05 万元、服务业 991.72 万元。工业总产值 3.87 亿元，以采矿业和建筑业产值为主。塔县全社会固定资产投资 18.30 亿元；固定电话 2547 部，移动电话 16124 户，互联网 563 户；社会消费品总额 11471 万元；接待游客 33.28 万人次，旅游业收入 9984 万元；地方财政收入 10150 万元，支出 93800 万元；城乡居民储蓄存款余额 18356 万元，人均 4701 元。②

由此可见，塔县三个产业之间的结构比例不够合理，第一产业受到自然条件制约，调整空间较小；第二产业主要是电力、采矿和建筑业，其发展缺乏可持续性，与生态友好型社会的建设不相协调；而第三产业则较为薄弱，但其拥有独特的地理环境和丰富的历史文化资源，应大力发展旅游业和服务业。近年来，随

---

① 塔什库尔干塔吉克自治县地方志编纂委员会编《塔什库尔干塔吉克自治县志》，新疆人民出版社，2009，第 201 页。
② 新疆维吾尔自治区地方志编纂委员会主编《新疆年鉴 2013》，新疆年鉴社，2013，第 421–422 页。

着 314 国道交通状况的改善和塔什库尔干红其拉甫机场通航，文化旅游和乡村振兴为古老的帕米尔高原注入新的活力，塔县迎来新的发展机遇。

综上所述，由于塔县在区域经济社会发展中的影响力不高，处于周边主流文化和语言的浸润之中，塔吉克族要想提高本民族文化在区域生态环境内的影响力，只有提升经济发展水平，才能从根本上解决问题。因此，乘着乡村振兴和文旅产业发展的东风，塔县应抓住发展机遇，创新性传承民族文化，保护性开发塔吉克语语言资源。

四、塔吉克语语言资源保护和开发力度有待加强

语言文字是人类文明的成果，在传承民族文化方面起着不可替代的作用。通过对塔吉克语进行语言生态评价发现，由于塔吉克语没有文字，其自我发展能力受到制约，因此很难被纳入基础教育环节。这不仅影响塔吉克族语言文化资源的保护传承，还影响边疆少数民族教育的发展，甚至影响塔吉克民族整体素质的提高。塔吉克族语言资源在本民族文化教育中的作用不可小觑，应对母语语言文化在学龄儿童学习及优秀传统文化继承方面的作用予以重视。只有提升塔吉克族的受教育水平和受教育程度，才能使塔吉克族同胞更好地融入乡村振兴带来的社会发展洪流中，促进边疆社会的共同富裕与和谐稳定，铸牢中华民族共同体意识。

要做好少数民族国家通用语言文字语文教育工作，必须运用科学发展观处理好民族地区国家通用语和少数民族语言的关系，强调推广"国家通用语"的目的之一是提高少数民族科学文化水平，进而提高其参政议政能力，防止少数民族在公共事业中被边缘化。少数民族母语语言文化传承是开发少数民族语言文化资源不可或缺的方式，但因各民族语言资源开发和利用的发展阶段并不一致，少数民族语言文化传承的教育类型应随着文化发展水平的变化而调整，模式也应随具体情况而定。[①]塔吉克族的母语教育基础薄弱，国家通用语言文字语文教育的大力推广应和其母语语言资源的传承、开发和利用相结合，才能有效地提升少数民族教育工作的水平和成效。

五、语言生态发展不均衡，塔吉克语生态位不高

如前文所述，塔吉克语长期处于周边语言多样化生态环境中，语言的生态

---

① 黄平文：《加强民族语文建设，构建民族地区多元文化和谐社会》，载国家民族事务委员会文化宣传司编《构建多语和谐的社会语言生活：民族语文国际学术研讨会论文集》，民族出版社，2009，第75-76页。

位受到很大影响。很多人认为塔吉克语的衰亡是一个自然的过程，应该顺其自然；认为语言价值是有区别的，这种思想本质上是一种语言歧视理念。语言的衰亡对个人而言仅仅是母语能力的丧失，却对一个民族及其文化乃至整个人类文明关系重大。[①]

　　塔吉克语仍然处在不对等接触的生态环境中，这是塔吉克语活力衰减的真正原因。语言接触与融合不可避免，塔吉克语生态位的衰退似乎也在所难免，但这不应成为漠视塔吉克语语言资源重要价值的理由，更不该因此而放弃对塔吉克语语言资源的主动保护和开发。如同自然生态环境中的生态因子需要人们主动去保护，以维持自然物种多样化一样，在语言生态系统中，人们也应发挥主动作用，去维护语言系统多样性和文化多元性，以保护语言生态系统的平衡和可持续发展。

---

① 蔡永良：《从文化生态视角解读语言衰亡》，《外语教学与研究》2011 年第 1 期。

第八章
塔吉克族母语生态演化趋势及语言生态保护发展策略

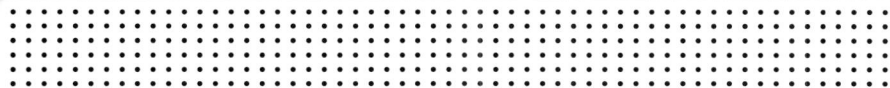

　　语言的内部和外部生态决定着语言的发展演化进程，也主导着语言演化的内容和程度。语言演化的过程和结果只有符合语言生态文明建设的要求，才能促进语言生态文明的和谐健康发展。语言生态文明建设是生态文明建设的一部分，生态文明建设与社会的物质文明、精神文明和政治文明建设一起构成社会主义社会文明建设的重要部分。本章主要讨论塔吉克语受到内部和外部生态因子影响后的演化趋势和方向，根据生态文明建设与语言生态之间的互动关系，探讨塔吉克族语言生态文明建设的策略。

第一节　塔吉克语发展趋势

　　前文中塔吉克族的母语使用情况结果显示：塔吉克语单语人、双语人、语言转用人的比例大约是 3.50%、83.37%、13.13%。从这个数据来看，塔吉克语正处于演化的生态发展状态中。自朅盘陀国灭亡后，塔吉克族先民一直处于其他民族和王朝的统治之下，先后受到吐蕃、喀喇汗王朝、西辽、元朝、察合台汗国、叶尔羌汗国和清朝管辖，[①] 但由于其地理位置偏僻，加之陆上丝绸之路没落，塔吉克语一直保持较好的使用状态。长期以来，中国塔吉克族除使用传统语言外，还使用世界塔吉克族共同使用的书面语——波斯语（伊朗称之为波斯语，阿富汗称其为达里语，塔吉克斯坦和中亚其他地区称其为塔吉克语）[②]，在 1934 年新疆省政府开展文化促进运动以前，塔吉克族聚居区的学校教育和人们的交往均使用该文字。[③] 正式的世俗教育开始后，由于师资和教材缺失，塔吉克族在教育中开始使用维吾尔文。近年来，塔吉克族的汉语使用水平和普通话推广工作成效得到有效提升。

　　在这个过程中，由于社会经济发展水平和语言文化接触条件存在地域差异，塔吉克语的发展呈现出语言在发展演化的不同阶段的不同状态。如塔县大同乡、马尔洋乡地区的塔吉克语保持状态良好，语言活力强。这些地区位于大山深处，

---

① 国家民族事务委员会全国少数民族古籍整理研究室：《中国少数民族古籍总目提要·塔吉克族卷》，中国大百科全书出版社，2011，第2—3页。

② 同上。据语言学家巴哈琳娜的研究，这几种方言是有差别的，"舒格南语、瓦罕语、塔吉克语虽然是亲属语言，但它们之间的区别是不小的，不过，塔吉克斯坦语言曾经是帕米尔人和塔吉克斯坦人之间的交际工具"，塔吉克斯坦人与伊朗人是能够交流的。

③ 有学者研究表明，实际上此时塔吉克聚居区的教育只是经文学校教育，而非世俗教育，波斯文字只是在经文和文学创作中使用，交际语言仍然是塔吉克语的色勒库尔方言和瓦罕方言。

交通极为不便，有些地方至今仍无法通行普通机动车。大山阻隔了人们的交流，且这些乡村的民族成份单一，几乎都是塔吉克族，因此拥有较好的语言保持条件。又如塔县县城、提孜那甫乡、塔合曼乡等地区的维吾尔语、塔吉克语双语使用活跃、语言接触频繁，这些地区大多数塔吉克群众通晓除母语外的一种或者几种语言。这类地区交通较为便利，民族成份多，但仍以塔吉克族为主体，各民族间的来往密切。该地区的人口受教育程度普遍比前述地区高，语言文化接触频繁，多元文化并存，且其他文化属于强势文化。因语言使用域和语言功能分异明显，塔吉克语的语言生态位产生变化。还有如塔县库科西鲁格乡、阿克陶县塔尔塔吉克族乡和其余各县的塔吉克民族乡这些属于双语区的地区，母语已经消失，已完全使用维吾尔语交流，学校教育有汉语和维吾尔语双语教学。这些地区长期处于周边人口较多民族的影响之下，与周边维吾尔族接触频繁，受到维吾尔文化影响深刻，已经完全转用维吾尔语。调查发现阿克陶县塔尔塔吉克族乡信仰的是伊斯兰教逊尼派，与新疆其他穆斯林群众信仰相同，但与塔吉克族主体信仰的伊斯兰教伊斯玛仪派不同，但这部分仅占塔吉克族人口的较少部分。根据前文的塔吉克语周边语言格局状况及塔吉克语使用状况的调查，可将塔吉克语的功能演化特点归纳为以下三个类型：母语保持及发展、母语衰变及多语竞争、母语消失及转用。每种类型的外在表现各有特点，具体见表8-1：

表8-1 塔吉克语功能演变类型一览表[①]

序号	功能演化类型	类型特点
Ⅰ型	母语保持及发展	在聚居范围内塔吉克语仍然是通用语言，母语活力强、使用域广，塔吉克族优秀传统文化得到较好传承。与周边语言文化能够和谐相处
Ⅱ型	母语衰变及多语竞争	在聚居范围内部分使用塔吉克语，但语言生态位已经发生改变，多种语言使用域分异；塔吉克语成为家庭或者社区通用语言；优秀传统文化仍然能够得到较好保存，但受到周围强势的维吾尔文化和汉文化影响，弱势地位凸显
Ⅲ型	母语消失及转用	在聚居范围内极少甚至没有人使用塔吉克语，通用语言转变为维吾尔语；优秀传统文化仍然能够保持，但受到周边强势民族文化影响程度深

在塔吉克语语言生态环境中，不管是哪种类型的演化阶段，其多元语言文化存在的形式是相似的，基本都是由塔吉克语、维吾尔语和汉语语言文化构成，

---

① 周国炎：《仡佬族母语生态研究》，民族出版社，2004，第192-193页。

但其发展速度和发展趋势并不完全相同。这种差异性是由多种原因造成的，如前文所述，既有语言文化内部生态因子的因素，也有外部生态因子的因素；既有主观因素，也有客观因素；既有历史原因，也有现实原因。这些原因主导着塔吉克语发展的方向和速度。此处对塔吉克语每种演化类型的发展趋势进行探讨。

一、母语保持及发展

在此类型中，塔吉克族在社会生活中不断地习得地区通用语言和国家通用语言，维吾尔语语言文化和汉语语言文化在不同程度上影响着塔吉克族的语言生活。但塔吉克族的语言态度和语言意志明确而坚定，这在主观上是保持和发展塔吉克语的精神保障。在这样的语言生态环境中，各种语言文化基本能够形成和谐共处的局面。且较为封闭的自然环境和地理位置也在客观上阻止或一定程度上延缓外来文化的冲击，减轻了外来文化对塔吉克语生态位的影响压力。但这种自然生态条件在另一方面也制约着塔吉克族地区社会经济的发展，从而降低了塔吉克语语言文化成为区域主流语言文化的竞争力，减少塔吉克语使用的机会。因此，在这一类型中，塔吉克语的发展趋势较多地取决于语言生态的外在客观因素。提高国民整体生活水平是国家发展的大趋势，社会经济的日趋开放与发展也是大势所趋。所以，在这一趋势中塔吉克语如何发展取决于相关语言生态因子的协调程度。如果能减轻经济社会发展对语言保持的冲击力，塔吉克语语言资源将能继续传承和开发。

二、母语衰变及多语竞争

在这一类型中，塔吉克语的弱势状态在激烈的语言竞争中日趋凸显。这首先表现在语言通用程度上，语言的使用域逐渐缩小，日渐成为家庭通用语或社区通用语，双语人口数量占多数。其次表现在青少年母语水平较之祖辈和父辈普遍降低，青少年母语掌握程度显著下降，不能完成母语的长篇表述，但青少年双语能力普遍提高。再次表现为单语人人口数量的下降。塔吉克族自 20 世纪 80 年代以来实际上已经接受了第二语言维吾尔语、第三语言汉语的双语教学，且维吾尔语是新疆维吾尔自治区的通用语言，塔吉克族聚居地周边的主要强势语言文化就是维吾尔语语言文化。汉语作为行政和教育领域的通用语言，随着双语教育工作的推进，塔吉克族单语人几近消失。最后表现为塔吉克语文化在多元文化共存的社会生态中竞争能力明显不足。此类型多处于社会经济文化交流相对活跃的地区，由于历史和地理原因，这些地区社会经济基础薄弱，塔吉克语语言文化在多元语言文化的竞争中无法占据生态位优势，无法改变发展进程，甚至可能在冲击中走向资源枯竭。因此，在母语衰变与多语竞争的演变类型中，塔吉克语的生态发展趋势堪忧，衰退意味着逐渐衰亡。如果没有相应的塔吉克语语言生态资源保护措施，这一趋势也无法得到改变。

三、母语消失及转用

这种类型主要在与维吾尔语接触历史较为久远的塔吉克族聚居地区，这些地区因长期受到维吾尔语和汉语的影响，塔吉克语已经衰亡，鲜有人通晓，但塔吉克族优秀传统文化仍有保留。这些地区虽然其宗教信仰已与其他地区塔吉克族产生差异，但在宗教活动中依然会用到波斯语。这些地区尽管已经丧失了塔吉克语，但对其母语依然有较高认同，部分青年大学毕业生主动到塔县就业，并在生活中逐渐恢复母语的使用。但这没有成为主流，无法改变语言转用的语言现状。

综上所述，塔吉克语的语言生态发展趋势呈现出语言功能演化的三个阶段类型。对一种语言来说，这三种类型很少是线性排列的，这些语言演化的类型会受到各种因素的影响，呈现出速度急缓和范围大小等差异。这种演化不仅表现在语言人个体层次上，也表现在家庭层次和社区层次上，最终表现在整个族群社会生活层次上，从而引起整个族群语言生态的演化。

塔吉克语生态演化的主流趋势依然是处在母语保持与衰变的中间状态，如果任其自然发展，塔吉克语整体生态演化最终将经历"母语保持→语言兼用→语言转用"的过程。但整个塔吉克族主观上的母语情感稳固，且语言结构具有较强的适应性。由于"社会影响不仅可以延缓或加速语言的演化，而且也可以决定演化的方向和范围"，[①]因此，如果能对外部生态因素很好地协调和利用，塔吉克语的命运会有所转机。正如学者们所言，语言资源不同于自然资源，不能用"优胜劣汰、适者生存"的语言歧视和不平等观念来看待，语言的多样化和文化的多元化对人类文明发展的意义重大。因此，在语言生态保护的过程中，要发挥语言生态外部生态系统中"人"的主观能动性，促进语言资源的保存和合理开发利用，促进语言生态的可持续发展。

第二节　塔吉克族语言生态文明建设的策略

生态文明建设、物质文明建设、精神文明建设和政治文明建设是社会主义社会文明建设的重要组成部分。其中，生态文明建设是社会实现可持续发展战略

---

① 房德里耶斯：《语言》，岑麒祥、叶蜚声译，商务印书馆，1992，第 327 页。

的重要过程，生态文明建设的和谐取决于各种生态问题的成功处理。这些生态问题不仅包括社会生态建设问题、自然生态建设问题，也包括语言生态建设问题。语言生态反映一定的社会环境，因此，语言生态问题也是社会环境问题，甚至可以说是社会问题，这些问题直接影响着社会的生态文明建设。[①]如何解决这些问题，成为生态语言学领域学者们热议的论题。塔吉克族处在一个以塔吉克族为主、多民族杂居的社会环境，在这个语言生态领域中，少数民族语言和国家通用语言、少数民族语言和少数民族语言之间以及少数民族语言内部均存在着复杂的关系，语言竞争甚至语言冲突现象突出。塔吉克族母语的语言活力因受到强势语言的影响和压制，在语言竞争中表现出较为明显的颓势，导致塔吉克族母语生态环境的破坏，塔吉克族母语生态环境的可持续发展受到威胁。因此，在塔吉克族母语生态发展演化的过程中，须采取必要的措施和策略以保护和维持塔吉克族母语生态环境的和谐。

根据前文塔吉克语的生态评价结果及对其生态因子的有利条件和制约因素，本书从以下几个方面探讨建设塔吉克族母语生态文明的策略。

一、监控和保护策略

（一）通过政府语言文字工作机构建立塔吉克语生态监测评价长效机制

语言生态资源的监测是对语言功能及其外部生态因子的监测。监测内容主要包括语言种类、分布、人口状况，以及语言多样性状况的保持与发展。监测工作通过对少数民族语言及方言土语进行调查和整理，对少数民族语言或方言的社会使用情况进行动态监测，提出制定语言规划和实施语言工程的建议，从而达到抢救、保护和发展语言资源的目的。

塔吉克语作为中国塔吉克族的母语，具有悠久的历史，承载了大量的塔吉克族文化传统和历史文明信息。塔吉克语已经不仅仅是塔吉克族交际的工具，更是中国语言资源库中的宝贵财富。对塔吉克语的监测与保护不仅是保护塔吉克族传统文化的手段，而且对维护中国语言资源的多样性和文化多元性具有重要意义。

首先，塔吉克语语言资源的监测是制定语言规划、保持塔吉克语生态可持续发展的依据。只有充分了解影响塔吉克语语言资源和谐发展的内部和外部生态因子，才能对塔吉克语的演化趋势进行预测，才能提出应对措施。对塔吉克语语言资源进行监测，能够了解塔吉克族的语言生活状况和需求，了解社会发展对语言规划的需要，适时做出调整。同时，定期发布塔吉克语的语言资源状况报告，

---

① 冯广艺：《语言生态学引论》，人民出版社，2013，第273-274页。

促使塔吉克族了解其母语资源状况，增强塔吉克族对母语的关注度。通过监测获得的数据，不仅可以丰富塔吉克语的语言材料，而且能获得塔吉克语变化的动态数据，还能促进各语言生态因子之间交叉关系的研究，推动交叉学科的发展。

其次，塔吉克语在语言竞争中的地位变化加剧、塔吉克族聚居区语言格局发生改变与调整，需要对塔吉克语语言生态进行长期有效的监测和评价。社会经济的发展带来开放度的提高，加快了语言接触的广度与深度，也改变了语言生活的格局。在周边强势语言的重压之下，塔吉克族的语言生活发生变化，不同功能层次的语言之间的关系也变得更为复杂。塔吉克族要处理好母语与国家和地区通用语言、母语和其他少数民族语言之间的关系；要保存和发展塔吉克语生态资源；要缓解和消除语言竞争和语言冲突所引发的国家、民族和社会矛盾，清楚地掌握塔吉克语的生态状况。只有清晰掌握塔吉克语生态现状及发展趋势，才能更好地处理和解决好上述问题，因此，需要对其语言生态进行有效的监控。

此项工作无论是在精力上还是资金上，如果脱离国家和政府的支持，仅仅依靠科研机构和个人，显然难以完成。且对语言生态资源进行监控并非一蹴而就，需要长期不断地进行数据收集和监测。因此，要有一个专门机构来完成此项工作。国家和民族自治地方均设有语言文字管理机构，在县级民族自治地方的民族宗教事务局也设有语言文字工作办公室。因此，塔县在组织机构上具备了对语言资源进行监测的条件，如果能形成专人负责和完善的语言资源监测机制，就有可能完成此项工作。

（二）鼓励和支持塔吉克族语文研究，形成良好的塔吉克语学术研究氛围

民族语文研究工作是保护少数民族文化权益、满足少数民族群众精神文化需求、促进社会和谐的重要工作。[①]

塔吉克族语言文字不仅表现了塔吉克族的民族智慧，更是塔吉克族的象征。一个民族 80% 的文化是通过口语和文字流传下来的。[②] 可以说，塔吉克语承载了大量的文化信息，这些信息还有待进一步的研究。但中华人民共和国成立以来，对塔吉克语进行的相关研究较为有限。表 8-2 为已出版的塔吉克语研究专著和中国知网刊载的塔吉克语相关研究成果，相较于其他语言的研究来说，称其寥寥无几也不为过。由此可见，塔吉克语的研究工作与社会发展不相适应。尤其是进入

---

① 国家民族事务委员会文化宣传司编《构建多语和谐的社会语言生活》，民族出版社，2009，第 4 页。

② 李宇明：《珍爱中华语言资源》，载国家民族事务委员会文化宣传司编《构建多语和谐的社会语言生活：民族语文国际学术研讨会论文集》，民族出版社，2009，第 6 页。

21世纪后社会经济发展日新月异，多元文化给塔吉克族带来的文化冲击日益强烈，塔吉克族语言的使用状况及其演变规律亦会发生变化，随之而来的民族语文工作也会不断涌现新问题，尤其是"一带一路"倡议的实施，必将给塔吉克族聚居区的传统文化带来更为频繁和广泛的接触与交融。加之塔吉克族聚居区占据极其重要的战略位置，由其社会与经济发展引发的社会问题、文化适应问题、语言和谐问题也必将日益突出。这些都要求民族语文工作者在理论上进行探索研究和提出解决办法。

表8-2 塔吉克语相关研究成果一览表

类型	作者	书名 / 文章名	出版社 / 期刊名	出版年份
专著	高尔锵	《塔吉克语简志》	民族出版社	1985
	高尔锵	《塔吉克汉词典》	四川民族出版社	1996
	曾钫	《汉英塔吉克语900句》	民族出版社	2005
论文	高尔锵	《塔吉克语句子谓语分析》	新疆大学学报	1986
	高尔锵	《塔吉克语基本句型分析》	民族语文	1986
	高尔锵	《塔吉克语的名词与格功能》	民族语文	1987
	高尔锵	《塔吉克语动词语态特点》	民族语文	1990
	高尔锵	《塔吉克语句子结构》	语言与翻译	1991
	高尔锵	《塔吉克语句子结构（续）》	语言与翻译	1992
	高尔锵	《塔吉克语语态结构剖析 ——塔、汉语言对比刍议》	语言与翻译	1994
	高尔锵	《塔吉克语语态结构剖析（续） ——塔、汉语言对比刍议》	语言与翻译	1994
	西仁·库尔班、庄淑萍	《中国塔吉克语色勒库尔方言概述》	语言与翻译	2008
	刘玉屏	《塔什库尔干塔吉克族语言使用 与语言态度调查》	西北民族研究	2010
	周珊	《中国塔吉克族语言教育选择历史 与现状调查》	民族教育研究	2011
	克里木江·玉苏普、果海尔妮萨·阿布力克木	《塔吉克族学生语言使用情况 调查研究》	喀什师范学院学报	2011
	周珊	《中国塔吉克族语言使用现状研究》	新疆师范大学学报	2013
	杨海龙、郭利	《中国塔吉克语亲属称谓初探》	和田师范专科 学校学报	2014

综上所述，对于塔吉克族这样的人口较少民族，其语文研究工作应增加投入，尤其是加大资金投入力度，鼓励和支持更多科研工作者参与其中。

（三）规范语言，实现塔吉克语语言规范化

文字是语言的书面符号，是人们的交际工具。一个民族的文字也是一个民族的文化符号，是民族文化的一部分，更重要的是语言文字也反映一个民族的思维方式。因此，语言文字对一个民族的发展来说，其作用无可替代。塔吉克族使用的书面文字，原是 10 世纪前后形成的达里语，这是一种文学领域的文字，在塔吉克族的经典文学作品中被广泛使用。近代，在塔吉克族聚居区经文学校中使用的教材，如《哈菲兹诗集》等都是国外出版的用塔吉克文书写的著作。中华人民共和国成立后，由于使用拉丁字母和其他字母的意见不统一，塔吉克语新文字创制失败，此项工作就此停滞。今天塔吉克族基本使用维吾尔文拼写塔吉克语，但语音差别比较大，拼读效果不理想。民间也有很多学者和群众使用不够规范的拉丁文记录和书写，出现拼写因人而异的现象。如果能因势利导，规范塔吉克族语言和文字，对塔吉克族和国家都具有重大意义。

二、调适和发展策略

（一）培养人才、因地制宜，加快自治县经济建设，提高自治能力

1. 培养塔吉克族各类专业人才，提升塔吉克族地区整体人力资源开发与建设水平。提升塔县基础教育水平，加强教育投入，加大基础教育师资的培训力度，与区内外高校建立委托和定向培养人才机制，培养送得出、迎得回、留得下的塔吉克族本土人才。

2. 加快地区经济发展速度，提升整体经济实力。塔吉克族聚居区地理位置特殊，自然风貌奇特，独具人文特色和地域特点。因此，在塔县的经济发展中，可充分考虑这些因素，做到因地制宜、发挥优势。首先，塔县要优化产业结构。塔吉克族聚居区的产业发展应以低碳、循环、绿色为主。要稳定发展农业和牧业等传统产业，农牧业应做好扩展经济作物种植和农副产品深加工工作；科学合理发展水电等绿色能源开发项目，限制矿产开发规模，促进自然生态的可持续发展；同时，加大交通等基础设施建设的投资力度，充分利用好地缘优势，在"一带一路"倡议中继续发挥"驿站"的作用，开发边民互市贸易区和国际物流园等项目。其次，快速发展人文生态旅游业。塔吉克族聚居区的湿地、冰川、草场等自然景观及塔吉克族的民族风情、享誉国内外的遗址等人文景观独一无二，应当利用优势，充分考虑区域资源环境承载能力和发展潜力，加快发展人文生态旅

游业，提升旅游业品质和影响力。因地制宜，精准施策，从而提高塔吉克族聚居区整体经济实力和区域经济影响力，进而提高塔吉克族语言影响力和竞争力，形成利于塔吉克语生态发展的社会经济环境。

3. 对政策要研究透、使用好，提高自治能力。《中华人民共和国民族区域自治法》第十条规定：民族自治地方的自治机关保障本地方各民族都有使用和发展自己的语言文字的自由，都有保持或者改革自己风俗习惯的自由。此外，宪法和自治区也有符合自治地方的相关规定，客观上，地方在一定程度上具备了保障少数民族各项权利的条件。但一方面由于塔吉克族自治地方的自治能力有限，在现阶段，要实现真正意义上的自治仍需努力，应在如何理解和利用好国家法律和政策上多下功夫；另一方面由于"在实施法律的过程中的问题是民族自治机关如何为这种权利的实施提供正当的程序保障。民主集中制的组织原则是民族区域自治制度的基础，自治机关确实有权自主决定或变通上级机关的决定，但这种权利需要在服从国家利益的前提下进行，并获得上级机关的批准和同意，使这种法律程序的运作缺乏可预见性"[1]，因此，虽然国家和自治区考虑了少数民族整体的利益和权利，但每个民族的独特性不容忽视，自治权的行使实际上还要充分考虑少数民族实际情况的多样性和特殊性。因此，塔县作为自治地方拥有的自治权能行使到何种程度，直接影响塔吉克族优秀传统文化和语言文字的生存和发展。

（二）保持传统、突出特色，传承塔吉克族优秀传统文化

少数民族文化传承包括语言传承、行为传承、器物传承和思维传承等。[2] 塔吉克族文化包括塔吉克族的思维方式、语言、宗教、艺术、习俗等非物质文化，还包括历史文物、历史建筑、文化遗址等可见文化。塔吉克族优秀传统文化的继承和发展，不仅能让塔吉克族增强民族的归属感和自豪感，而且能够增强塔吉克族的民族凝聚力和对多元文化的适应能力，并通过个体的文化适应力，影响整个塔吉克族文化生态的传承或变化。全球化背景下塔吉克族聚居区经济社会的变迁使塔吉克族文化的生态环境遭遇前所未有的冲击，维吾尔文化和汉文化等强势文化，甚至更多样性的外国文化涌入塔吉克族的生活。在这样的大潮中，要协调经济发展和文化传承的关系，增强塔吉克族对民族文化的自豪感，坚定民族文化自信，自觉地传承和发展本民族文化；并利用政府的引导作用，形成塔吉克族文化

---

[1] 马丽雅·伦德贝里：《中国的民族区域自治与少数民族语言权利》，载李红杰、马丽雅主编《少数民族语言使用与文化发展：政策和法律的国际比较》，中央民族大学出版社，2008，第83页。
[2] 孙国军、陈怡：《全球化语境下少数民族文化传承研究》，《贵州民族研究》2014年第3期。

产业的竞争力，从而提高塔吉克族文化的影响力、竞争力和吸引力。

（三）加强学前、立足基础，制定塔县可行性语言教育规划

语言规划主要是指语言在法律、行政、教育、媒体、服务、司法等领域的规划，而教育领域的语言规划影响更为深远。民族语文蕴含着丰富的民族情怀，民族语文教育则负担着传承民族文化的重任。因此，教育领域科学的语言规划不仅对社会和谐意义重大，对少数民族教育发展也能起到促进作用，和谐的语言生活在铸牢中华民族共同体意识和稳边固边方面发挥着不可替代的作用。首先，教育是影响一个地区经济发展的主要原因，也是制约少数民族地区经济发展的根本因素。而语言文字教育是教育的基础，科学研究证明：母语是儿童智力在早期开发中不可替代的媒介，是儿童认知世界的最直接的工具，因此，儿童的早期教育必须放在母语文化环境中进行。① 其次，民族语文教育体现教育公平，也体现民族平等。在客观条件允许的情况下，将母语作为媒介，能够在单位时间内比第二语言获得更多的信息，从而减少时间的消耗，同样时间内也能获得效率相当的学习成果。这种差异在基础教育阶段尤为突出。

塔吉克族基础教育中的语文教育基本经历了维吾尔语单语教育、维吾尔语和汉语双语教育的模式，现在正在经历维汉双语向汉语单语教育的阶段，很快就将完全转变为汉语单语教育。② 在一定程度上，这种转变提高了塔吉克族的社会适应度。但从长远来看，塔吉克语在师资、民本教材等方面软实力的虚弱所产生的副作用，削弱了塔吉克语的竞争力。因此，在塔吉克族地区的民族语文教育规划中应充分考虑民族语文在教育中的重要作用，尤其是在学前和初等教育阶段，应该创造条件适当增加母语的学习。

（四）研究教材、设计课程，促进塔吉克族生态校本教材编写

课程与教材是少数民族语言文化传承的重要载体之一，课程设计应选择符合少年儿童认知发展规律的感性材料。但塔吉克族学生所使用的教材内容主要来源于主流文化，不能很好地切合塔吉克族少年儿童的生活实际。

另外，学者们的研究结果表明：学校课程要根据学习个体生活经验的多元

---

① 黄平文：《加强民族语文建设，构建民族地区多元文化和谐社会》，载国家民族事务委员会文化宣传司编《构建多语和谐的社会语言生活：民族语文国际学术研讨会论文集》，民族出版社，2009，第73页。

② 塔县在《关于对县城乡寄宿制小学从一年级进行汉语教学的批复》中强调：2005年秋季开学起，对新招收一年级学生一律进行汉语教学，对无汉语基础的10岁以下学生安排在学前班就读，新入学幼儿教育和初等教育逐渐转变为汉语教学。

化来设计，而不能从个体以外去探询。学生对课程的学习是依照自己的"履历情景"和生活连续来理解课程提供的客体文本，并以此把课程理解为是学生反思性和创造性地探寻人生意义的活动及过程。[①]

　　因此，塔吉克族学校在编写校本教材和设计课程时应把课程的知识性、科学性、思想性及铸牢中华民族共同体意识融入多学科的教材内容中；应充分考虑塔吉克族文化、中华文化生态的现实与课程和教材的科学性。由于现阶段塔县基本采用国家通用语语文教材授课，因此语言课程的设计一方面应研究如何用国家通用语作为工具表达塔吉克族的文化、历史和传统等，另一方面应组织学者研究如何使课程与教材内容适合塔吉克族学生的年龄特征和学习与认知特点组织编写相关教材和基础教育读物。

---

① 孟凡丽：《我国少数民族基础教育课程、教材建设：回顾与反思》，《贵州民族研究》2004 年第 4 期。

附录

塔吉克语斯瓦迪士部分核心词列表

序号	汉语	英语	塔吉克语（色勒库尔塔吉克语）	瓦罕塔吉克语
1	我	I	waz	wuz
2	你	you	taw	tu
3	他	he	jɯ	jau
4	我们	we	maʃ	saq
5	你们	you	tamaʃ	sajiʃti
6	他们	they	wodz	jajiʃti
7	这	this	jad	ʒəm
8	那	that	ji	ʒau
9	这里	here	wod	dirəm
10	那里	there	tʃdum	dira
11	谁	who	tʃoj	kuj
12	什么	what	tsedz	tsəiz
13	哪	where	qudʒur	qumdʒaj
14	何时	when	tʃum	tsaʁd
15	如何	how	tsaraŋ	tsirəŋ
16	不	not	naj	noj
17	所有	all	dʒam	qɯ
18	多	many	pɯr	tɯqi
19	一些	some	dund	qejemiʃti
20	少	few	kam	kam
21	其他	other	digar	digar
22	一	one	jiv	jiu
23	二	two	ðəw	buj
24	三	three	arɔj	tɯruj

续表

序号	汉语	英语	塔吉克语（色勒库尔塔吉克语）	瓦罕塔吉克语
25	四	four	tsavur	tsibir
26	五	five	pindz	pandz
27	大	big	lour	lup
28	长	long	daruz	vordz
29	宽	wide	kɯχuð	quʂoð
30	厚	thick	divez	badʒ
31	重	heavy	ɡarun	ʁiruŋ
32	小	small	dzɯlik	dziɡlaj
33	短	short	kɯt	kɯt
34	窄	narrow	toŋ	taŋ
35	薄	thin	tanik	sŋor
36	女	woman	ourat；ʁots	pirtʃo
37	男	man	tʃarejni；ʁaðo	qaʃi
38	人	Man	insun；insunijat	xalaɡ
39	孩	child	batʃo	zman
40	妻	wife	ʁinə	qənd
41	夫	husband	tʃur	dzaj
42	母	mother	ano	nan
43	父	father	ato	tat
44	动物	animal	dʒindʒinuwar	ejwannot
45	鱼	fish	muji	maji
46	鸟	bird	waðitʃi	vinɡas
47	狗	dog	kɯd	ʃatʃ
48	虱	louse	sipal	ʃiʃ
49	蛇	snake	tɯfɯsk	fənqs
50	虫	worm	tʃerm	piritʃ
51	树	tree	daraχt	daraxt
52	森	forest	dʒaŋɡal	
53	枝	stick	ʃelχ	ʃax

续表

序号	汉语	英语	塔吉克语（色勒库尔塔吉克语）	瓦罕塔吉克语
54	果	fruit	miewa	miva
55	种	seed	tieʁm	toxum
56	叶	leaf	pork	park
57	根	root	jiltiz	jiltiz
58	树皮	bark	daraχt past	daraxt pist
59	花	flower	gɯl	gɯl
60	草	grass	wux	wɯʂ
61	绳	rope	band	ʂivən
62	肤	skin	past	pist
63	肉	meat	gɯxt	guʂt
64	血	blood	waχin	wuxən
65	骨	bone	istɯχun	ustɯxan
66	脂	fat	rounə	rəʁni
67	蛋	egg	kako；tɯχɯm	tɯxɯməʁg
68	角	horn	χɯu	ʂiwu
69	尾	tail	ðim	ʃin
70	羽	feather	par	ʁɯr
71	发	hair	χad	ʃafʃ
72	头	head	qol	sar
73	耳	ear	ʁaul	ʁiʃ
74	眼	eye	tsejm	tʃəʒm
75	鼻	nose	nodz	mis
76	口	mouth	ʁov	ʁaʂ
77	牙	tooth	ðandun	duŋdɯk
78	舌	tongue	ziv	ziki
79	指甲	fingernail	naʃour	digɯr
80	脚	foot	pieð	pa
81	腿	leg	laŋ	pɯz
82	膝	knee	zun	birin

续表

序号	汉语	英语	塔吉克语（色勒库尔塔吉克语）	瓦罕塔吉克语
83	手	hand	ðist	dast
84	翅	wing	qanot	qɯnat
85	腹	belly	zɯnor	sinor
86	肠	guts	roud	ʃingər
87	颈	neck	garðon	gɯrðan
88	背	back	dom	dam
89	乳	breast	bitʃiki	bapə
90	心	heart	zord	pɯziu
91	肝	liver	dʒigar	dʒigar
92	喝	drink	bɯroxd	pɯv
93	吃	eat	χor	jaw
94	咬	bite	ðod	ʂəu
95	吸	suck	ɯptʃejk	dam g om
96	吐	spit	tɯtʃejk	tɯ
97	呕	vomit	qejtʃejk	qaj
98	吹	blow	pɯf	puf
99	呼吸	breathe	nafas	damdirəm
100	笑	laugh	ʃind	qənd
101	看	see	tʃos	digðɯq
102	听	hear	χid	ʁiʃqitaq
103	知	know	wazond	diʃəuq
104	想	think	wuj	ojxaq
105	嗅	smell	bəɯtʃejk	vul
106	怕	fear	χudʒðejk	ʁuʃɯq
107	睡	sleep	χufs	ðəxpɯq
108	住	live	naliʃtʃendʒ	aləq
109	死	die	marg	mɯrtaq
110	杀	kill	zet	ʃit
111	斗	fight	ʁoʃvieðt	ʁaʃqitaq

续表

序号	汉语	英语	塔吉克语（色勒库尔塔吉克语）	瓦罕塔吉克语
112	猎	hunt	waðord	
113	击	hit	diebuzan	diən
114	切	cut	xevd	tʃup
115	分	split	balaktʃejk	jərvɯrək
116	刺	stab	χartsak	xɯrtsəkdin
117	挠	scratch	tʃid	dɯrɯp
118	挖	dig	qoud	pɯʂ
119	游	swim	qlutʃveð	ʂinowori
120	飞	fly	rawixt	ðəvuzəq
121	走	walk	tid	tʂa
122	来	come	joð	wozi
123	躺	lie	patoud	jiloxatibɯnəm
124	坐	sit	nalist	nɯzdɯm
125	站	stand	warivd	wəðəfsənm
126	转	turn	ʁerd	ʁiðəm
127	落	fall	woxt	waʂt
128	给	give	ðod	rəndaq
129	拿	hold	zoxt	dɯrzɯp
130	挤	squeeze	viχit	vərðəts
131	磨	rub	sasod	dasdin
132	洗	wash	zɯnod	wuzdɯʒtuq
133	擦	wipe	zɯdiq	viʃvɯp
134	拉	pull	tiʒid	xɯʃaq
135	推	push	kat	kat
136	扔	throw	patoud	bɯnəp
137	系	tie	vist	vəndaq
138	缝	sew	intsivd	piʃinqɯtaq
139	计	count	xisub	xisob
140	说	say	liev	xɯnaq

续表

序号	汉语	英语	塔吉克语（色勒库尔塔吉克语）	瓦罕塔吉克语
141	唱	sing	bejd lievd	xɯnaq
142	玩	play	sikit	ʂitiki
143	浮	float	lejlamiʃɯt	tɯrsar
144	流	flow	warəw	zo̞ʃt
145	冻	freeze	sordʒ	sɯŋ
146	肿	swell	biliztʃ	pɯðmɯʃəpɯ
147	日	sun	maθ	jir
148	月	moon	most	maq
149	星	star	xɯturdʒ	sdar
150	水	water	xats	jupq
151	雨	rain	wareydʒ	awo
152	河	river	darjɯ	dɯrjo
153	湖	lake	koul	qur
154	海	sea	ukjon	diŋiz
155	盐	salt	namo̞ðdʒ	nɯmɯq
156	石	stone	ʒier	ʁar
157	沙	sand	ʃuʃ	ʂuʃ
158	尘	dust	tʃo̞ŋ	ʃimol
159	地	earth	zamim	dʒʒaj
160	云	cloud	varm	mur
161	雾	fog	tɯmon	mur
162	天	sky	ismun	asmən
163	风	wind	ʃamul	ʃimol
164	雪	snow	zɯmun	zɯm
165	冰	ice	iʃitu	sɯr
166	烟	smoke	ʒis	ðit
167	火	fire	juts	dɯxniq
168	灰	ashes	θier	park
169	烧	burn	dʒurxt	θit

续表

序号	汉语	英语	塔吉克语（色勒库尔塔吉克语）	瓦罕塔吉克语
170	路	road	pond	vuðɯɯq
171	山	mountain	qir	qir
172	红	red	rɯʃt	səqir
173	绿	green	sovdz	savuz
174	黄	yellow	zird	zart
175	白	white	sipejd	ruxun
176	黑	black	tor	ʃəɯ
177	夜	night	bijur	pirziɯŋ i
178	昼	day	maθon	rəwori
179	年	year	sul	sal
180	暖	warm	ʒɯrmsɯt	ʃundr
181	冷	cold	iʃ	sɯr
182	满	full	tʃink	tʂaq
183	新	new	nɯdʒ	ʃɯʁq
184	旧	old	kieno	qona
185	好	good	tʃartʃ	baf
186	坏	bad	ʁaid；it	ʁəjt
187	腐	rotten	ɯf	bɯʂ
188	脏	dirty	pukzonist	ẓim
189	直	straight	tik	tuz
190	圆	round	girt	qirt
191	尖	sharp	nəul	mis
192	钝	dull	mateq	qɯnd
193	滑	smooth	zinojd	livd
194	湿	wet	χast	zəj
195	干	dry	qoq	wəsq
196	对	correct	dɯrɯst；rust	rast
197	近	near	qarib	bɯn
198	远	far	ðar	ðir

续表

序号	汉语	英语	塔吉克语（色勒库尔塔吉克语）	瓦罕塔吉克语
199	右	right	χejdz	rast
200	左	left	tʃop	tʃap
201	在	at	jos	sɯq
202	里	in	darɯn	dɯst
203	与	with	at；qati	qɯti
204	和	and	at	qɯti
205	若	if	magar	wəsttsəj
206	因	because	kiviavond	ska
207	名	name	num	nuŋ

参考文献

专著

[1] 玄奘，辩机．大唐西域记校注［M］．季羡林，等注．北京：中华书局，1985.

[2] 库罗帕特金．喀什噶尔［M］．中国社会科学院近代史研究所翻译室，译．北京：商务印书馆，1982.

[3] 麦克康奈尔，谭克让．世界的书面语：使用程度和使用方式概况：第4卷：中国［M］．魁北克：拉瓦尔大学出版社，1995.

[4] 约翰斯顿．人文地理学词典［M］．柴彦威，等译．北京：商务印书馆，2004.

[5] 艾布拉姆．世界上的语言：全球语言系统［M］．乔修峰，译．广州：花城出版社，2008.

[6] 艾尔．社会研究方法［M］．邱泽奇，译．北京：华夏出版社，2009.

[7] 爱德华．语言论：言语研究导论［M］．陆卓元，译．北京：商务印书馆，1985.

[8] 白振生，黄华均．塔什库尔干塔吉克族现状与发展研究［M］．北京：中国社会科学出版社，2008.

[9] 李·沃尔夫．论语言、思维和现实：沃尔夫文集［M］．高一虹等，译．北京：商务印书馆，2012.

[10] 布龙菲尔德．语言论［M］．袁家骅，赵世开，甘世福，译．北京：商务印书馆，2008.

[11] 曾钫．汉、英、塔吉克语九百句［M］．北京：民族出版社，2005.

[12] 陈慧琳，郑东子，黄成林．人文地理学：第2版［M］．北京：科学出版社，2007.

[13] 中央民族大学中国少数民族语言文学学院．戴庆厦文集第3卷：有关语言学

理论与方法的问题［M］.北京：中央民族大学出版社，2012.

［14］戴庆厦.中国少数民族语言使用现状及其演变研究［M］.北京：民族出版社，
2010.

［15］戴庆厦.中国少数民族语言研究60年［M］.北京：中央民族大学出版社，
2009.

［16］法兰克.双语调查精义［M］.卢岱，译.北京：民族出版社，2006.

［17］范俊军.联合国教科文组织关于保护语言与文化多样性文件汇编［M］.北京：
民族出版社，2006.

［18］范俊军，李云东，肖自辉，等.语言调查、语言记录与立档规范［M］.广州：
暨南大学出版社，2011.

［19］冯广艺.语言和谐论［M］.北京：人民出版社，2007.

［20］冯广艺.语言生态学引论［M］.北京：人民出版社，2013.

［21］高尔锵，中国社会科学院民族研究所.塔吉克汉词典［M］.成都：四川民族
出版社，1996.

［22］高尔锵.塔吉克语简志［M］.北京：民族出版社，1985.

［23］高莉琴，张新武，李丽华，等.新疆的语言状况及推广普通话方略研究［M］.
北京：北京语言大学出版社，2006.

［24］耿世民，余太山.西域文史论稿［M］.兰州：兰州大学出版社，2012.

［25］贡纳尔.重返喀什噶尔［M］.崔延虎，郭颖杰，译.乌鲁木齐：新疆人民
出版社，2010.

［26］郭熙.中国社会语言学［M］.南京：南京大学出版社，1999.

［27］国家民族事务委员会文化宣传司.民族语文政策法规汇编［M］.北京：民族
出版社，2006.

［28］国家民族事务委员会全国少数民族古籍整理研究室.中国少数民族古籍总目
提要：塔吉克族卷［M］.北京：中国大百科全书出版社，2011.

［29］国家民族事务委员会文化宣传司.构建多语和谐的社会语言生活：民族语文
国际学术研讨会论文集［C］.北京：民族出版社，2009.

［30］胡振华.柯尔克孜语言文化研究［M］.北京：中央民族大学出版社，2006.

[31] 黄行 . 中国少数民族语言活力研究 [M]. 北京：中央民族大学出版社，2000.

[32] 加富罗夫 . 中亚塔吉克史：上古：十九世纪上半叶 [M]. 肖之兴，译 . 北京：中国社会科学出版社，1985.

[33] 教育部语言文字信息管理司 . 中国语言生活状况报告（2012）[M]. 北京：商务印书馆，2012.

[34] 教育部语言文字信息管理司 . 中国语言生活状况报告（2013）[M]. 北京：商务印书馆，2013.

[35] 柯宗，吴泽霖，等 . 穿越帕米尔高原 [M]. 吴泽霖，译 . 北京：民族出版社，2004.

[36] 李国正 . 生态汉语学 [M]. 长春：吉林教育出版社，1991.

[37] 李红杰，马丽雅 . 少数民族语言使用与文化发展：政策和法律的国际比较 [M]. 北京：中央民族大学出版社，2008.

[38] 罗家云，赵建国 . 塔吉克族：新疆塔什库尔干县提孜那甫村调查 [M]. 昆明：云南大学出版社，2004.

[39] 梅耶 . 历史语言学中的比较方法 [M]. 岑麒祥，译 . 北京：世界图书出版公司，2008.

[40] 欧阳修，宋祁 . 新唐书 [M]. 北京：中华书局，1975.

[41] 潘志平 . 中亚的地缘政治文化 [M]. 乌鲁木齐：新疆人民出版社，2003.

[42] S.穆夫温 . 语言演化生态学 [M]. 郭嘉，胡蓉，阿错，译 . 北京：商务印书馆，2012.

[43] 孙宏开，胡增益，黄行 . 中国的语言 [M]. 北京：商务印书馆，2007.

[44] 《塔吉克族简史》编写组，《塔吉克族简史》修订本编写组 . 塔吉克族简史 [M]. 北京：民族出版社，2008.

[45] 王沛 . 中亚四国概况 [M]. 乌鲁木齐：新疆人民出版社，1993.

[46] 王鹏飞 . 文化地理学 [M]. 北京：首都师范大学出版社，2012.

[47] 文秋芳 . 应用语言学研究方法与论文写作 [M]. 北京：外语教学与研究出版社，2004.

[48] 吴志强，蔚芳，等 . 可持续发展中国人居环境评价体系 [M]. 北京：科学

出版社，2004.

［49］西仁·库尔班，阿布都许库尔·肉孜，高雪．中国塔吉克族［M］．银川：宁夏人民出版社，2012.

［50］西仁·库尔班，马达力汗·包仑，米尔扎依·杜斯买买提．中国塔吉克史料汇编［M］．乌鲁木齐：新疆大学出版社，2003.

［51］新疆维吾尔自治区民族语言文字工作委员会．新疆民族语言分布状况与发展趋势［M］．北京：北京语言大学出版社，2002.

［52］新疆维吾尔自治区地方志编纂委员会．新疆年鉴2013［M］．乌鲁木齐：新疆年鉴社，2013.

［53］新疆维吾尔自治区地方志编纂委员会，《新疆通志·语言文字志》编纂委员会．新疆通志：第76卷：语言文字志［M］．乌鲁木齐：新疆人民出版社，2000.

［54］徐通锵．历史语言学：第4版［M］．北京：商务印书馆，2008.

［55］薛宗正．中国新疆古代社会生活史［M］．乌鲁木齐：新疆人民出版社，1997.

［56］杨建新．古西行记选注：第2卷［M］．银川：宁夏人民出版社，1987.

［57］塔什库尔干塔吉克自治县地方志编纂委员会．塔什库尔干塔吉克自治县志［M］．乌鲁木齐：新疆人民出版社，2009.

［58］于维诚．新疆地名与建制沿革［M］．乌鲁木齐：新疆人民出版社，2005.

［59］张公瑾，丁石庆．文化语言学教程［M］．北京：教育科学出版社，2004.

［60］张惠民．语言逻辑辞典［M］．西安：世界图书出版公司，1995.

［61］张兴权．接触语言学［M］．北京：商务印书馆，2012.

［62］张志尧．草原丝绸之路与中亚文明［M］．乌鲁木齐：新疆美术摄影出版社，1994.

［63］中国社会科学院民族研究所，国家民族事务委员会文化宣传司．中国少数民族语言使用情况［M］．北京：中国藏学出版社，1994.

［64］周国炎．布依族语言使用现状及其演变［M］．北京：商务印书馆，2009.

［65］周国炎．仡佬族母语生态研究［M］．北京：民族出版社，2004.

［66］朱文俊．人类语言学论题研究［M］．北京：北京语言文化大学出版社，2000.

［67］朱晓农．方法：语言学的灵魂［M］．北京：北京大学出版社，2008.

[68] 羽田亨.西域文化史[M].耿世民,译.乌鲁木齐:新疆人民出版社,1981.

[69] 巴哈琳娜.舒格南语、瓦罕语和塔吉克语主要特点的比较描述[M].油印本.
    北京:中国科学院少数民族语言研究所,1958.

[70] 中华人民共和国国务院新闻办公室.新疆的若干历史问题(2019年7月)[M].
    北京:人民出版社,2019.

[71] 国家统计局.中国统计年鉴2021[M].北京:中国统计出版社,2021.

[72] 新疆维吾尔自治区统计局.新疆统计年鉴2012[M].北京:中国统计出版社,
    2012.

期刊文章

[1] TSERETELI V G. The influence of the Tajik language on the vocalism of
    Central Asian Arabic dialects[J]. Bulletin of the School of Oriental and
    African Studies, 1970, 33(1): 167-170.

[2] DODIKHUDOEVA L. The Tajik Language and the Socio-Linguistic Situation in
    the Mountainous Badakhshan[J]. Iran and the Caucasus, 2004, 8(2):
    281-288.

[3] 阿依努尔古力·卡得尔.塔吉克族伊斯玛仪派信仰初探[J].丝绸之路,2010
    (22):36-37.

[4] 安潘明.喀什地区塔吉克人双语现象研究[J].语言与翻译,2000(1):
    12-15.

[5] 包和帝,赵超.中国的文化多样性与和谐世界[J].国外理论动态,2010(7):
    67-71.

[6] 薄守生,董照辉.有关语言生态危机的研究对当前语言政策的影响[J].语言
    文字应用,2007(2):27-33.

[7] 蔡永良.从文化生态视角解读语言衰亡[J].外语教学与研究,2011,43(1):
    75-83,159.

[8] 蔡永良.论美国的语言政策[J].江苏社会科学,2002(5):194-202.

[9] 曹萍,梁积江.试论民族地区基础教育发展中的问题与对策[J].民族教育研

究，2009（4）：44-49.

［10］陈国光．纳赛尔·霍斯罗乌与伊斯兰教在新疆塔吉克族中的传播［J］．西北民族研究，1992（2）：169-177.

［11］陈建伟．少数民族族群语言保护的历史透视：以满语为个案［J］．内蒙古社会科学（汉文版），2010，31（6）：153-156.

［12］陈洁，洪邮生，袁建军．欧盟多语主义政策探析［J］．国际论坛，2011（6）：23-28，78.

［13］陈生梅．从生态语言学视角看经济活动对语言的负面影响［J］．甘肃社会科学，2012（2）：244-247.

［14］陈忠华，韩晓玲．语言相对性原理：理论背景、演变及其含义表述［J］．烟台大学学报（哲学社会科学版），2008，21（3）：114-118.

［15］程毛林．城市生态化状况的协调性评价［J］．数理统计与管理，2005，24（1）：27-31，14.

［16］崔桂华，齐洪英．生态语言学：语言系统的生态学视角研究［J］．东北师大学报（哲学社会科学版），2012（4）：168-171.

［17］崔桂华．生态语言学：语言系统的整体性与多样性［J］．社会科学战线，2012（11）：162-165.

［18］戴庆厦，陈卫东．论普米族的语言观念［J］．云南民族大学学报（哲学社会科学版），1993（4）：68-71.

［19］戴庆厦．语言竞争与语言和谐［J］．语言教学与研究，2006（2）：1-6.

［20］丁建新．语法、思维与认知：相对主义视野中的语言多样性及其对认知的影响［J］．外语与外语教学，2009（7）：5-7.

［21］丁信善．关于21世纪语言生态和语言主题的思考：Crystal"语言革命说"综述［J］．外语与外语教学，2006（11）：8-12.

［22］联合国教科文组织濒危语言问题特别专家组，范俊军，宫齐，等．语言活力与语言濒危［J］．民族语文，2006（3）：51-61.

［23］范俊军，肖自辉．国家语言普查刍议［J］．语言文字应用，2010（1）：27-34.

[24] 范俊军，肖自辉. 语言资源论纲 [J]. 南京社会科学，2008（4）：128-132.

[25] 范俊军. 关于濒危语言研究的几点思考 [J]. 南京社会科学，2006（4）：140-143.

[26] 范俊军. 少数民族语言危机与语言人权问题 [J]. 贵州民族研究，2006，26（2）：51-55.

[27] 范俊军. 生态语言学研究述评 [J]. 外语教学与研究，2005，37（2）：110-115.

[28] 范俊军. 我国语言生态危机的若干问题 [J]. 兰州大学学报（社会科学版），2005，33（6）：42-47.

[29] 范俊军. 语言多样性问题与大众传媒 [J]. 现代传播（中国传媒大学学报），2007（2）：71-73.

[30] 范俊军. 语言活力与语言濒危的评估：联合国教科文组织文件《语言活力与语言濒危》述评 [J]. 现代外语，2006，29（2）：210-213.

[31] 方创琳. 面向国家未来的中国人文地理学研究方向的思考 [J]. 人文地理，2011，26（4）：1-6.

[32] 冯广艺，陈碧. 生态文明建设与语言生态构建互动论 [J]. 中国地质大学学报（社会科学版），2009，9（3）：7-11.

[33] 冯广艺. 论语言接触对语言生态的影响 [J]. 中南民族大学学报（人文社会科学版），2012，32（5）：138-142.

[34] 冯广艺. 论语言生态与语言国策 [J]. 中南民族大学学报（人文社会科学版），2013，33（3）：159-163.

[35] 冯广艺. 论语言态度的三种表现 [J]. 语言研究，2013（2）：112-118.

[36] 冯广艺. 生态文明建设与语言生态构建本质论 [J]. 贵州社会科学，2011（1）：4-8.

[37] 冯广艺. 生态文明建设中的语言生态对策 [J]. 贵州社会科学，2012（6）：9-14.

[38] 冯广艺. 生态文明建设中的语言生态问题 [J]. 贵州社会科学，2008，

220（4）：4-8.

[39] 冯广艺.生态文明建设中的语言资源问题［J］.中南民族大学学报（人文社会科学版），2010，30（6）：138-141.

[40] 冯广艺.谈谈语言生态规划及其原则［J］.湖南师范大学社会科学学报，2013，42（6）：14-17.

[41] 冯小钉.关于语言多样性问题跨学科研究的综述［J］.安徽大学学报（哲学社会科学版），2004，28（5）：69-72.

[42] 高尔锵.塔吉克语的名词与格功能［J］.民族语文，1987（5）：39-44.

[43] 高尔锵.塔吉克语动词语态特点［J］.民族语文，1990（2）：56-61.

[44] 高尔锵.塔吉克语基本句型分析［J］.民族语文，1986（1）：47-57.

[45] 高尔锵.塔吉克语句子结构（续）［J］.语言与翻译，1992（1）：15-18.

[46] 高尔锵.塔吉克语句子结构［J］.语言与翻译，1991（4）：37-41.

[47] 高尔锵.塔吉克语句子谓语分析［J］.新疆大学学报（哲学社会科学版），1986（4）：109-118.

[48] 高尔锵.塔吉克语语态结构剖析（续）：塔、汉语言对比刍议［J］.语言与翻译，1994，（3）：9-15.

[49] 高尔锵.塔吉克语语态结构剖析：塔、汉语言对比刍议［J］.语言与翻译，1994（2）：15-25.

[50] 龚昌章.试述新疆世居兄弟民族的语言与文字［J］.新疆社科论坛，1991（2）：78-87.

[51] 古丽佳罕·胡西地力.关于塔吉克族古籍的搜集整理及编目［J］.中共伊犁州委党校学报，2010（3）：105-106.

[52] 桂诗春，宁春岩.语言学研究方法［J］.外语教学与研究，1997（3）：17-23，83.

[53] 郭慧香.语言政策与少数民族教育公平性研究［J］.贵州民族研究，2013（4）：170-173.

[54] 郭来喜.当代中国人文地理学研究进展述要［J］.人文地理，1994（3）：1-7.

[55] 韩军.中国生态语言学研究综述［J］.语言教学与研究，2013（4）：107-

112.

［56］何丽. 社会语言学理论综观及哲学思考［J］. 求索，2008（2）：62-64.

［57］何星亮. 塔吉克族族称及其早期文化［J］. 西域研究，1994（3）：81-89.

［58］贺涛，杨志峰，崔保山，等. 流域生态用水分配的协调性评价研究［J］. 中国人口·资源与环境，2006，16（1）：132-136.

［59］胡伟平. GIS与人文地理学的发展［J］. 人文地理，1997（3）：42-46，33.

［60］黄行. 当前我国少数民族语言政策解读［J］. 中南民族大学学报（人文社会科学版），2014（6）：7-12.

［61］黄行. 汉语拼音与少数民族文字拼音化［J］. 语言教学与研究，2012（5）：93-101.

［62］黄涛. 语言文化遗产的特性、价值与保护策略［J］. 中国人民大学学报，2008，22（4）：26-33.

［63］黄长. 全球化背景下的世界诸语言：使用及分布格局的变化［J］. 国外社会科学，2009（6）：4-17.

［64］江承凤，米红，王志刚. 新疆少数民族人口文化素质与社会经济发展研究［J］. 甘肃社会科学，2014（5）：248-251.

［65］江健. 东南亚国家语言教育政策的发展特征及趋势［J］. 比较教育研究，2011，33（9）：73-76.

［66］姜国权. 文化多样性的语言经济学反思［J］. 长白学刊，2009（5）：149-152.

［67］康秀亮，刘艳红. 生态系统敏感性评价方法研究［J］. 安徽农业科学，2007，35（33）：10569-10571，10574.

［68］黎信. 浅说文化帝国主义［J］. 新闻爱好者，2000（1）：13-15.

［69］李德建. 文化策略：民族地区反贫困的路径选择研究［J］. 黑龙江民族丛刊，2014（6）：83-88.

［70］李立. 语言立法与语言权利：第十届国际语言法学研讨会综述［J］. 政法论坛，2007（1）：184-188.

［71］李陇堂，徐娟，路明霞，等. 宁夏人地关系的历史演变及其特征［J］. 宁夏

大学学报（自然科学版），2007（4）：401-407.

[72] 李智勇 . 北京哈萨克族社区语言与家庭语言现状调查 [J] . 山西师大学报（社会科学版），2006，33（S1）：103-105.

[73] 刘宝俊 . 论语言的濒危和消亡 [J] . 中南民族大学学报（人文社会科学版），2007，27（6）：23-27.

[74] 刘宝俊 . 民族语言学论纲 [J] . 中南民族大学学报（人文社会科学版），1994（5）：109-114.

[75] 刘红婴 . 当代语言立法价值取向探旨 [J] . 语言文字应用，2009（1）：97-105.

[76] 刘江 . 语言人类学视角中的文化多样性 [J] . 思想战线，2008，34（4）：119-120.

[77] 刘玉屏 . 塔什库尔干塔吉克族语言使用与语言态度调查 [J] . 西北民族研究，2010（1）：79-86，33.

[78] 刘正佳，于兴修，李蕾，等 . 基于 SRP 概念模型的沂蒙山区生态环境脆弱性评价 [J] . 应用生态学报，2011，22（8）：2084-2090.

[79] 陆勇 . 少数民族新创文字与语言生态 [J] . 广西民族研究，2011（1）：136-140.

[80] 吕军录，张礼贵 . 使用地方语言发展农村基础教育：东南亚国家的政策与实践 [J] . 民族教育研究，2008（5）：105-109.

[81] 孟凡丽 . 我国少数民族基础教育课程、教材建设：回顾与反思 [J] . 贵州民族研究，2004（4）：126-132.

[82] 纳日碧力戈 . 关于语言人类学 [J] . 民族语文，2002（5）：43-48.

[83] 纳日碧力戈 . 语言人类学阐释 [J] . 中央民族大学学报（哲学社会科学版），2003，30（4）：30-35.

[84] 娜么塔，胡书津 . 语言生态与双语教育 [J] . 西南民族大学学报（人文社会科学版），2005，26（1）：381-384.

[85] 牛汝极 . 试论维吾尔文字发展的特点 [J] . 中央民族学院学报，1988（6）：73-75.

[86] 潘世松. 语言生态伦理概念提出的实践必要与知识前提 [J]. 湖南师范大学社会科学学报, 2013, 42 (6): 8-14.

[87] 彭敏, 金石. 论开办人口较少民族语言广播的必要性: 以西藏人口较少民族为例 [J]. 西藏研究, 2013 (2): 101-105.

[88] 彭姝祎. 法国对外文化政策的欧洲化与认同问题 [J]. 欧洲研究, 2008 (1): 59-73, 160.

[89] 朴美玉. 周边国家的语言规划与汉语国际推广战略 [J]. 人民论坛, 2012 (17): 222-223.

[90] 秦琳. 论语言生态环境与精神文明建设 [J]. 中共福建省委党校学报, 2013 (5): 101-106.

[91] 秦琳. 语言生态环境视域下的形式主义语言研究 [J]. 广西师范大学学报 (哲学社会科学版), 2013, 49 (5): 69-72.

[92] 秦琳. 语言生态哲学及其实践价值 [J]. 福建论坛 (人文社会科学版), 2013 (10): 97-100.

[93] 於琍, 曹明奎, 李克让. 全球气候变化背景下生态系统的脆弱性评价 [J]. 地理科学进展, 2005, 24 (1): 61-69.

[94] 石崧, 宁越敏. 人文地理学"空间"内涵的演进 [J]. 地理科学, 2005, 25 (3): 340-345.

[95] 税伟, 张启春, 王山河, 等. 当代美国地理学与可持续发展的理论、实践: 基于人地关系论的分析 [J]. 地理与地理信息科学, 2004, 20 (4): 56-60.

[96] 宋银秋, 穆婉姝. 对西方自由主义视角下"语言消亡"不同诠释的批判 [J]. 东北师大学报 (哲学社会科学版), 2009 (4): 177-180.

[97] 孙国军, 陈怡. 全球化语境下少数民族文化传承研究 [J]. 贵州民族研究, 2014 (3): 63-66.

[98] 孙宏开. 少数民族语言与文化的记录和保护 [J]. 中国民族, 2006 (5): 32-33.

[99] 孙宏开. 中国濒危少数民族语言的抢救与保护 [J]. 暨南学报 (哲学社会科学版), 2006, 28 (5): 126-129.

［100］孙宏开 . 中国少数民族语言活力排序研究［J］. 广西民族大学学报（哲学社会科学版），2006（5）：6-10.

［101］孙玉梅 . 语言生态环境论［J］. 理论探讨，1993（6）：111-112.

［102］汤茂林 . 问题主导还是方法主导？：对我国人文地理学研究的方法论思考［J］. 人文地理，2013，28（5）：19-23.

［103］唐晓峰，李平 . 人文地理学理论的多元性［J］. 人文地理，2001，16（2）：42-44.

［104］田有兰 . 论保护语言多样性的意义［J］. 思想战线，2012，38（5）：147-148.

［105］王辉 . 西方语言规划观的演变及启示［J］. 宁夏大学学报（人文社会科学版），2009，31（6）：204-208.

［106］王静 . 多语言的欧盟及其少数民族语言政策［J］. 内蒙古大学学报（哲学社会科学版），2013，45（2）：117-120.

［107］王兴中，刘永刚 . 人文地理学研究方法论的进展与"文化转向"以来的流派［J］. 人文地理，2007（3）：1-6，11.

［108］威廉·布赖特，蔡富有 . 社会语言学的诸方面［J］. 当代语言学，1978（2）：52-54.

［109］翁金箱 . 当前中国语言权立法状况之分析：以近年来的语言事件为契机［J］. 政法论坛，2011，29（2）：132-139.

［110］吴晓燕 . 语言相对性问题的人类语言学和社会语言学阐释［J］. 烟台大学学报（哲学社会科学版），2010，23（3）：112-116.

［111］段石羽 . 我国塔吉克族的形成及其历史演进［J］. 新疆大学学报（哲学社会科学版），1994（2）：1-6.

［112］西仁·库尔班，庄淑萍 . 中国塔吉克语色勒库尔方言概述［J］. 语言与翻译（汉文版），2008（1）：13-19.

［113］西仁·库尔班，高强 . 浅谈塔吉克族年节［J］. 中国穆斯林，2010（3）：44-45.

［114］西仁·库尔班，赵建国 . 数字"七"与塔吉克族文化［J］. 新疆大学学报（哲

学·人文社会科学版），2009，37（4）：83-86.

[115]肖建飞. 国际法中的语言权利及其演变［J］. 世界民族，2012（5）：25-34.

[116]肖自辉，范俊军. 语言生态的监测与评估指标体系：生态语言学应用研究［J］. 语言科学，2011，10（3）：270-280.

[117]宿琴. 欧盟教育政策及其对中国的启示［J］. 长白学刊，2009（2）：159.

[118]徐海铭. 美国人类语言学研究范式的更替及其主要特征：美国语言学思想史研究之一［J］. 外语学刊，2005（1）：24-32，112.

[119]徐海英. 当代西方人文地理学全球化概念与研究进展［J］. 人文地理，2010，25（5）：16-21.

[120]杨国安，甘国辉. 人文地理学研究方法述要［J］. 地域研究与开发，2003，22（1）：1-4，13.

[121]杨艳丽. 语言生态学初探［J］. 语言与翻译，1999（1）：6-9.

[122]杨玉. 和谐语言生态：少数民族外语教育的文化使命研究［J］. 继续教育研究，2012（10）：142-144.

[123]姚华松，许学强，薛德升. 人文地理学研究中对空间的再认识［J］. 人文地理，2010，25（2）：8-12.

[124]姚卫坤. 散杂居塔吉克族婚姻观念及形式变迁［J］. 新疆大学学报（哲学·人文社会科学版），2012，40（5）：77-82.

[125]叶超，蔡运龙. 地理学方法论演变与价值判断［J］. 地理研究，2010，29（5）：947-958.

[126]于辉. 如何应对全球视野下的语言生态危机［J］. 宁夏社会科学，2008（5）：171-173.

[127]张东辉. 生态语言学认识观与语言多样性［J］. 前沿，2009（13）：103-104.

[128]张公瑾. 语言的生态环境［J］. 民族语文，2001（2）：1-5.

[129]张桂菊. 美国《双语教育法》颁布的社会背景研究：基于霍姆斯的四模式分析框架［J］. 河南大学学报（社会科学版），2012，52（2）：123-132.

[130] 张京祥. 对人文地理学几个基本问题的诠释：兼论人文地理学的发展趋向 [J]. 人文地理，1997（3）：5-8.

[131] 张来仪. 帕米尔宗教文化初探 [J]. 世界历史，2004（5）：92-102.

[132] 张青荣. 网络语言的生态语言学审视 [J]. 河南师范大学学报（哲学社会科学版），2012，39（4）：191-193.

[133] 张庆业. 人文地理学理论类型及建设 [J]. 地域研究与开发，2003，22（4）：31.

[134] 张艳玲，冯广艺. 语言生态学的几个概念 [J]. 湖北社会科学，2010（9）：125-127.

[135] 赵波，李晶. 生态语言学研究综述 [J]. 语文建设，2013（33）：23-24.

[136] 赵鹤龄，张秀丽. 蒙古族小学生民族语言意识的调查与分析 [J]. 黑龙江民族丛刊，2009（6）：182-186.

[137] 赵树理. 英语全球化背景下弱势民族语言的丧失与保护 [J]. 华南师范大学学报（社会科学版），2009（5）：11-14.

[138] 郑梦娟. 联合国教科文组织语言问题规约情况 [J]. 世界民族，2008（5）：86-96.

[139] 周利娟，郭涛. 生态语言学研究中几个值得商榷的问题 [J]. 人民论坛，2012（29）：164-167.

[140] 周林莎. 联合国：保护语言多样性，缩小数字鸿沟 [J]. 比较教育研究，2010（3）：94.

[141] 周庆生. 中国"主体多样"语言政策的发展 [J]. 新疆师范大学学报（哲学社会科学版），2013，34（2）：32-44，4.

[142] 周瑞敏. 自然选择与协同进化：生态语言学及语言生态认知探微 [J]. 河南大学学报（社会科学版），2006，46（1）：123-125.

[143] 周珊. 生态语言学视阈下的柯尔克孜族语言教育选择：以新疆克孜勒苏柯尔克孜自治州为例 [J]. 新疆社会科学（汉文版），2013（4）：139-143.

[144] 周珊. 中国塔吉克族语言教育选择历史与现状调查 [J]. 民族教育研究，2011（3）：107-111.

[145] 周瓦. 从不同的语言观看美国双语教育之争 [J]. 比较教育研究, 2005, 26
（8）: 81-85.

[146] 周晓梅. 欧盟的语言困境与多语策略 [J]. 思想战线, 2009, 35（4）:
121-122.

[147] 周晓梅. 欧盟语言多元化战略对中国少数民族语言教育的启示 [J]. 贵州民
族研究, 2012（1）: 174-179.

[148] 周作宇. 国家语言战略与高等教育国际化 [J]. 中国高教研究, 2013（6）:
14-21.

[149] 朱风云. 英语的霸主地位与语言生态 [J]. 外语研究, 2003（6）: 23-28,
80.

[150] 朱之红, 赵其顺. 英语霸权时代民族语言多样性的保护 [J]. 青海民族研究,
2007, 18（2）: 73-76.

学位论文

[1] 张永斌. 黔西北民族杂居区语言生态与语言保护研究 [D]. 北京: 中央民族
大学, 2011.

[2] 徐佳. 生态语言学视域下的中国濒危语言研究 [D]. 上海: 上海外国语大学,
2010.

[3] 肖自辉. 岭南方言资源监测指标体系研究 [D]. 广州: 暨南大学, 2010.

[4] 张来仪. 帕米尔宗教文化初探 [D]. 广州: 暨南大学, 2005.

后　记

────◆◆◆◆────

　　《高原上的守望者——中国塔吉克族语言生态研究》即将付梓，我的心中充满了难以言表的激动与欣慰。这本书不仅是我多年田野调查的结晶，更是对中国塔吉克族语言生态的一次深刻剖析。在此，我想借此机会，向所有在创作与出版过程中给予我支持与帮助的人们表达最深的谢意。

　　首先，我要衷心感谢我的导师周国炎先生和丁石庆先生。两位教授不仅是我前行中的灯塔，更是我心灵的慰藉，他们严谨的治学态度、深厚的学术底蕴以及高尚的师德风范，深深地影响着我，让我在田野调查和学术研究的艰难道路上不断前行。从选题的确立到资料的搜集，再到观点的提炼与论证，两位教授都给予了我无私的指导与帮助。没有老师们的悉心栽培与鼓励，我不可能完成这部专著。

　　其次，我要感谢我已逝去的父母、我的妻子郭利女士和我可爱的儿子。在我投身于田野调查与专著创作的日子里，他们始终是我最坚实的后盾。他们的理解与支持，让我能够心无旁骛地投入到研究与写作中。每当我踏上塔什库尔干塔吉克自治县的帕米尔高原，面对恶劣的自然环境与艰苦的生活条件时，家人的鼓励与关怀总能让我重新勇敢面对，继续前行。他们的爱，是我不断前进的动力源泉。

　　再次，我还要特别感谢广西科学技术出版社的编辑以及在幕后付出辛勤汗水的工作人员。在专著的出版过程中，他们付出了大量的心血与努力。从内容的审校到版式的设计，再到印刷与发行，每一个环节都凝聚着编辑们的智慧与汗水。他们专业的编校能力、严谨的工作态度以及对读者的负责精神，都让我深感敬佩。正是有了他们的辛勤付出，这部专著才得以顺利面世，让更多的人了解中国塔吉克族的语言生态。

　　回顾整个创作与出版过程，我深刻体会到了其中的不易。特别是田野调查阶段，我和我的调查团队多次深入塔吉克族聚居的高原地区，面对恶劣的自然环境与语言障碍，我们始终保持着对学术研究的热情与执着。通过大量的实地走访与调察，收集到了丰富的第一手资料，为专著的创作奠定了坚实的基础。然而，内容的审查过程也充满了挑战。由于专著涉及中国塔吉克族的语言与文化，因此审查流程显得尤为复杂与严格。我多次对内容进行修改与完善，以确保其符合出版要求，同时更加深入地挖掘了中国塔吉克族语言生态的丰富内涵。在此，也对我的团队成员蔡江帆博士、梁婕博士及我的学生再米尔等参与和配合调查的所有人员致以衷心的感谢。

尽管过程充满了挑战与不易，但正是这些经历，让我更加坚定了对学术研究的热爱与追求。我相信，本书的出版不仅是对我多年田野调查与研究成果的肯定，更是对中国塔吉克族语言与文化的一次深情致敬。

最后，我要再次向所有在创作与出版过程中给予我支持与帮助的人们表示最诚挚的感谢。愿这部专著能够成为连接我、读者与中国塔吉克族之间的桥梁，希望我们能共同探索与传承这份宝贵的文化遗产。

谨以此书，献给所有守望者，以及那些在高原上默默耕耘的人们。

杨海龙

2024 年 5 月于海澜斋